PHILOSOPHIE

EINFACH VERSTEHEN!

Text:
Jordan Akpojaro,
Rachel Firth und
Minna Lacey

Illustrationen:
Nick Radford

Beratender Philosoph: Dr. Alex Kaiserman

Gestaltung: Freya Harrison

INHALT

WAS IST PHILOSOPHIE?

Die Philosophie beschäftigt sich mit Dingen, die uns und unsere Welt betreffen. Sie versucht unter anderem zu erklären, wie wir die Welt um uns herum wahrnehmen, was Schönheit ist, ob es einen Gott gibt ... All das sind GROSSE Themen. Um ihnen auf den Grund zu gehen, müssen Philosophinnen und Philosophen auch GROSSE Fragen stellen.

Philosophie ist jedoch nicht nur etwas für Gelehrte. Wahrscheinlich hast auch du dir schon Fragen wie diese gestellt:

Wenn es eine Medizin gäbe, durch die ich immer glücklich wäre – sollte ich sie nehmen?
Woher weiß ich, dass die Sonne morgen wieder aufgehen wird?
APOTHEKE
Sollen wir alle Menschen gleich behandeln? Wenn ja, wie geht das?
Kann ich sicher sein, dass andere Menschen Dinge so wahrnehmen wie ich, dass sie genauso denken und fühlen wie ich?
Wie kann ich wissen, dass diese Welt nicht einfach nur ein Traum ist?

Wenn es Außerirdische gäbe – hätten sie das gleiche Verständnis von „richtig“ und „falsch“ wie wir?
Kann irgendjemand beweisen, dass es einen Gott gibt?
Endet das Weltall irgendwo?
Ist es möglich, absolut nichts zu tun?
Ist es richtig, jemandem zu helfen, wenn ich weiß, dass dadurch eine andere Person verletzt wird?
Wodurch wird etwas zu einem Kunstwerk?
Kunstgalerie
Angenommen, Wissenschaftler könnten eine Maschine bauen, die sich genau wie ein Mensch verhält, hätte diese Maschine dann auch Gefühle? Und müsste ich nett zu ihr sein?
Warum sollen wir tun, was die Regierung uns sagt? Brauchen wir überhaupt eine Regierung?
Haben Tiere auch Rechte?
Sauber bleiben

Einige dieser Fragen klingen nach Science-Fiction, andere wirken sich ganz direkt auf unser tägliches Leben aus: wie wir uns verhalten, wie Regierungen handeln oder welche Gesetze für uns gelten.

DIE WELT DER PHILOSOPHIE

Die Philosophie beschäftigt sich mit so vielen unterschiedlichen Fragen, dass sie in der Regel in verschiedene Bereiche aufgegliedert wird. Hier lernst du einige ihrer Teilgebiete kennen und einige der Fragen, mit denen sich diese auseinandersetzen.

ERKENNTNIS-THEORIE (WISSEN)

Was ist Wissen und wie erlangen wir es?

Wie können wir sicher sein, dass unsere Annahmen über die Welt richtig sind? Spielt es eine Rolle, wenn wir nicht sicher sein können?

METAPHYSIK (REALITÄT, ZEIT UND WER WIR SIND)

Kann eine Ursache nach ihrer Wirkung auftreten?

Wie sehr kann sich eine Sache im Laufe der Zeit verändern und immer noch als dieselbe Sache angesehen werden?

RELIGION

Gibt es einen Gott? Können wir die Existenz Gottes beweisen?

Wenn Gott gut ist und alles erschaffen hat – warum gibt es dann Böses auf der Welt?

GEIST

Können wir eigene, freie Entscheidungen treffen?

Was meinen wir, wenn wir sagen, dass jemand ein Bewusstsein hat?

ETHIK (AUCH MORALTHEORIE GENANNT)

Was ist eine moralisch richtige Handlung?

Warum sollten wir uns um unsere Umwelt kümmern?

Gibt es ein allgemeingültiges „Richtig“ und „Falsch“?

Bin ich für mein Handeln verantwortlich, wenn ich keinen freien Willen habe?

ÄSTHETIK (SCHÖNHEIT UND KUNST)

Was ist Schönheit?

Was ist Kunst?

POLITISCHE PHILOSOPHIE

Was ist Freiheit?

Welche Regierungsform ist die beste?

Dürfen Menschen etwas besitzen?

LOGIK UND SPRACHE

Kann ein Satz zur gleichen Zeit wahr und falsch sein?

Kann es eine Sprache geben, die nur von einer einzigen Person verstanden wird?

WAS MACHEN PHILOSOPHEN?

Philosophen stellen ALLES und JEDES infrage. Sie hinterfragen Ideen und Konzepte, Theorien und Argumente. Sie hinterfragen sogar die Fragen, die sie und andere Philosophen stellen.

Was bringt es, so viele Fragen zu stellen?
In der Philosophie darf man nichts als selbstverständlich betrachten.
Hm? Noch nicht einmal die Dinge, bei denen wir uns ganz sicher sind?
Nein. Gerade diese Dinge müssen wir hinterfragen.
Hast du ein Beispiel für mich?
Woher weißt du, dass die Sonne morgen wieder aufgehen wird?
Na ja, weil das bisher immer so war.
Okay. Kannst du dir vorstellen, dass die Sonne *nicht* aufgeht?
Ja, ich denke schon.
Wenn du es dir vorstellen kannst, dann ist es deiner Meinung nach also *möglich*, dass die Sonne *nicht* aufgeht.
Ähm, ja schon, aber ...
Und wenn es *möglich* ist, dann kannst du auch nicht sicher sein, dass sie *tatsächlich* aufgehen wird ...
Okay. Aber muss ich denn sicher sein? Es ist immer noch ziemlich *wahrscheinlich*, dass sie aufgeht!
Aber gibt dir dieses „wahrscheinlich“ einen guten Grund, wirklich daran zu glauben?

Das verstehe ich nicht!
Das macht nichts. Wir sprechen später noch einmal über den Sonnenaufgang (siehe Seite 107). Wichtig ist, dass du jetzt besser verstehst, wie Philosophen philosophieren.
Tu ich das?
Ja! Das Gespräch, das wir gerade geführt haben, ist praktizierte Philosophie. Insbesondere mit dieser Frage-Antwort-Methode ist Philosophieren gar nicht so schwer.

Der philosophische Ansatz von Frage und Antwort ist schon mehrere Tausend Jahre alt und stammt aus der griechischen Antike. Er wird auch als **sokratische Methode** bezeichnet, nach dem Philosophen Sokrates, der berühmt für diese Form der Gesprächsführung war. Das Wort „Philosophie" kommt ebenfalls aus dem Griechischen und bedeutet „Liebe zur Weisheit".

Sokrates
Höre aufmerksam zu, wenn dir jemand seine Überzeugung darlegt.
Bleibe immer höflich. Auch in einem philosophischen Streitgespräch kannst du deine Ansichten ruhig und gelassen vortragen und die Ansichten anderer ebenso ruhig und gelassen hinterfragen.

RICHTIG ARGUMENTIEREN

Beim Philosophieren geht es nicht nur darum, Fragen zu stellen. Du musst auch wissen, wie du richtig argumentierst – und wie du erkennen kannst, ob ein Argument *gültig* oder *ungültig* ist.

Argumente sind die wichtigsten Werkzeuge der Philosophie. Sie bestehen aus zwei Komponenten: einer **Prämisse** und einer **Konklusion**.

PRÄMISSE

Eine **Prämisse** ist eine Aussage, die wahr oder falsch sein kann.

KONKLUSION

Eine **Konklusion** oder Schlussfolgerung ist eine Aussage, die durch eine oder mehrere Prämissen begründet wird.

Ein gutes Argument verfügt über Prämissen, die dir gute Gründe dafür liefern, die Konklusion zu glauben. Die folgenden Beispiele für Argumente sind nicht alle gut:

	PRÄMISSE 1	PRÄMISSE 2	KONKLUSION
A	Alle Fußbälle sind rund.	Das ist ein Fußball. Daraus folgt ...	Dieser Fußball ist rund. 
B	Alle Menschen mit braunen Haaren haben braune Augen.	Diese Person hat braune Haare. Daraus folgt ...	Diese Person hat braune Augen. 
C	Alle Katzen sind Tiere.	Meine Ratte ist ein Tier. Daraus folgt ...	Meine Ratte ist eine Katze. 

Philosophinnen und Philosophen untersuchen ein Argument nach den systematischen Regeln der **Logik**. Wenn eine Prämisse wahr ist und die Konklusion als Ergebnis der entsprechenden Prämisse sinnvoll ist, dann handelt es sich um ein gutes Argument. Zurück zu unseren Beispielen: Du hast sicher bemerkt, dass mit den Argumenten B und C etwas nicht stimmt. Beide Argumente sind schlechte Argumente, jedoch aus verschiedenen Gründen.

B ist ein schlechtes Argument, da eine der Prämissen (Prämisse 1) falsch ist.

Es ist *nicht wahr*, dass alle Menschen mit braunen Haaren auch braune Augen haben.

Wenn du erkennst, dass eine Prämisse falsch ist, gibt es keinen Grund dafür, die Konklusion zu glauben. Ein derartiges Argument wird als **nicht schlüssig** bezeichnet.

C ist ein schlechtes Argument, da sich die Konklusion nicht aus den Prämissen ableiten lässt.

Es stimmt zwar, dass die Prämissen 1 und 2 wahr sind. Trotzdem lässt sich die Konklusion nicht aus ihnen folgern.

Ein derartiges Argument wird als **ungültig** bezeichnet.

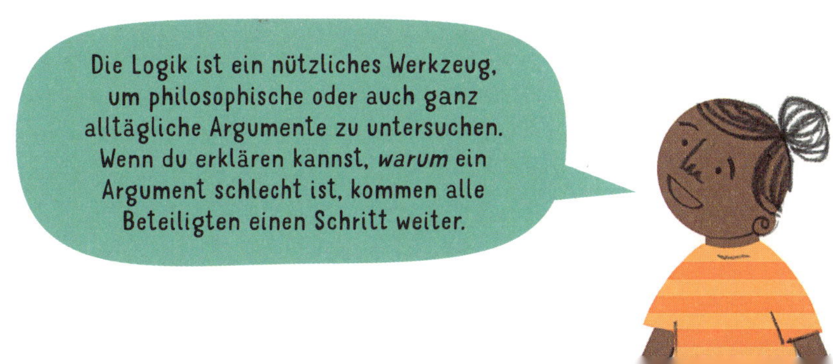
Die Logik ist ein nützliches Werkzeug, um philosophische oder auch ganz alltägliche Argumente zu untersuchen. Wenn du erklären kannst, *warum* ein Argument schlecht ist, kommen alle Beteiligten einen Schritt weiter.

GEDANKENEXPERIMENTE

Ein weiteres wichtiges Werkzeug der Philosophie sind die sogenannten **Gedankenexperimente**. Sie beginnen mit der Frage „Was wäre, wenn …?“, die wiederum viele weitere Fragen nach sich zieht. Aber Achtung! Gedankenexperimente können dazu führen, dass man sich ziemlich verrückte Dinge vorstellt.

Was wäre, wenn ich nicht in einem Körper herumlaufen würde, sondern nur ein Gehirn in einem Tank wäre, das *denkt*, es stecke in einem Körper?

Was wäre, wenn du zehn Menschenleben retten könntest, indem du eine Person tötest? Was wäre hier die richtige Entscheidung? Und was wäre, wenn es sich dabei um ein Familienmitglied handeln würde?

Was wäre, wenn eine Person freiwillig ins Gefängnis ginge und ihre Zelle nicht verlassen wollte? Wäre diese Person immer noch frei?

Was wäre, wenn in einem Wald ein Baum umfiele und niemand in der Nähe wäre, der das Krachen hörte? Würde es trotzdem krachen?

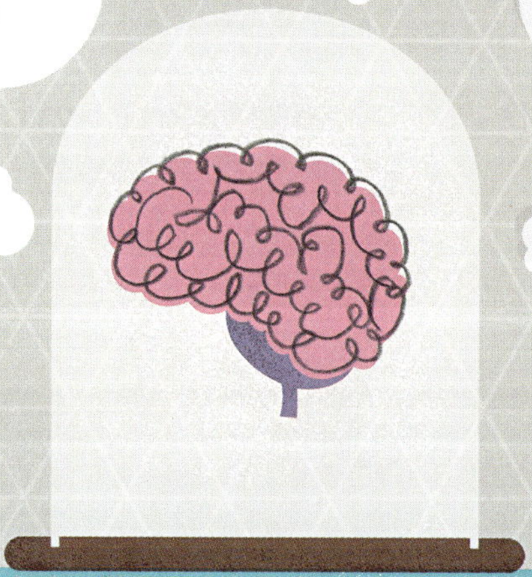

Ein gutes Gedankenexperiment bringt eine Reihe von Fragen und Antworten hervor, die oft die erste Antwort im Experiment infrage stellen. Die Szenarien müssen nicht unbedingt wahrscheinlich oder physikalisch möglich sein, aber sie müssen *sinnvoll* sein. Es bringt beispielsweise nichts, jemanden darum zu bitten, sich einen viereckigen Kreis vorzustellen.

Das folgende Gedankenexperiment hinterfragt unsere Vorstellung von Identität.

Du sagst, dass du diesen Teddybären schon seit vielen Jahren besitzt. Woher weißt du, dass es derselbe Teddy ist, den du als Baby bekommen hast?

Er sieht genauso aus ... und er besteht aus den gleichen Teilen.

Okay. Aber was wäre, wenn die einzelnen Teile deines ursprünglichen Teddys im Laufe der Zeit zerschlissen wären. Stell dir vor, jemand hätte die alten Teile nach und nach durch neue ersetzt.

Das ist so ziemlich genau das, was passiert ist.

Jetzt stell dir vor, dass *kein einziges* Stück von diesem Teddy noch ein Originalteil ist. Können wir dann wirklich noch behaupten, dass es derselbe Teddybär ist?

Ich bin mir nicht sicher, aber ich denke schon. Eine Sache kann sich verändern und trotzdem noch dieselbe sein.

Na gut. Aber nun stell dir vor, dass die ursprünglichen Teile gar nicht zerschlissen sind, sondern in einer Schublade aufbewahrt wurden. Jahre später werden sie wieder herausgeholt, um daraus einen Teddy zu nähen, *der genau wie der ursprüngliche Teddy aussieht*.

Das würde doch niemals passieren!

Aber was wäre, wenn doch? *Welcher* Teddybär ist der, den du als Baby bekommen hast?

Der „ursprüngliche" Bär aus den ersetzten Teilen?

Oder der „ersetzte" Bär aus den ursprünglichen Teilen?

Oh Mann, darüber muss ich jetzt erstmal nachdenken ...

Ähnliche Fragen kannst du auch zu deiner *eigenen* Identität stellen. Mehr dazu findest du auf den Seiten 96 bis 99.

WARUM PHILOSOPHIEREN?

Stell dir vor, du sitzt in einem Publikum und hörst einem Vortrag zu. Es ist sehr wahrscheinlich, dass viele Menschen um dich herum „philosophieren“, ohne es zu merken.

Wissenschaftler haben heute erklärt, dass sie die erste künstliche Person in Betrieb gesetzt haben. Das Gehirn dieses Roboters arbeitet wie ein menschliches Gehirn.
Die Roboter sind auf dem Vormarsch! Und sie nehmen uns unsere Jobs weg. Das ist schlimm, sehr schlimm! Echte Jobs für echte Menschen!
Warum sollte ich dieser Nachricht Glauben schenken? Für mich hört sich das nach Science-Fiction an.
Mein Smartphone ist ziemlich clever. Zählt es dann vielleicht auch als Person?
Was ist, wenn sie den Roboter wieder ausschalten? Heißt das dann, dass sie ihn umbringen?
Wenn diese Roboter Gehirne wie wir haben, dann sind sie im Grunde auch Menschen, oder?
Was ist eigentlich so besonders an uns Menschen?
Was ist schlecht daran, wenn Roboter die Arbeit übernehmen?
Ich persönlich freue mich über die neue Herrschaft der Roboter.

Alle diese Menschen reagieren individuell auf die Meldung und die Worte des Redners. Auf manche ihrer Fragen mag es keine klare Antwort geben, aber schon das Fragestellen an sich und das Debattieren könnte die Zukunft unserer Gesellschaft verändern. Das ist ein Beispiel für *angewandte Philosophie*.

Heißt das, dass wir immer philosophieren, wenn wir eine Frage stellen?
Nein. Nicht jede Frage ist eine philosophische Frage, aber viele Fragen sind es. Insbesondere solche, die sich um grundlegende Vorstellungen drehen.
Wie zum Beispiel?
Wie zum Beispiel die Frage, was die Begriffe „gut“ und „böse“ eigentlich bedeuten.
Woher wissen wir, ob etwas eher „gut“ als „schlecht“ ist oder ob das überhaupt eine Rolle spielt?
Das hört sich alles ein bisschen verzwickt und kompliziert an.
Philosophie ist bekannt dafür, kompliziert zu sein. Die meisten Ideen in der Philosophie sind aber NICHT schwer zu verstehen. Man muss nur konzentriert nachdenken.
Sehr wichtig sind auch die Begriffe, mit denen Argumente formuliert werden. Daher nehmen Philosophen es immer sehr genau mit der Wahl der richtigen Worte sowie dem Lesen und Zuhören.
Wozu der ganze Aufwand?
Es kann durchaus Zeit in Anspruch nehmen, Argumente gründlich unter die Lupe zu nehmen, aber es ist faszinierend und macht viel Spaß. Außerdem kann es dir helfen, Probleme im echten Leben besser zu verstehen.

Die Philosophie kann vielleicht nicht unsere Probleme lösen. Sie gibt uns aber Denkwerkzeuge an die Hand, mit denen wir in JEDER Situation gute Argumente von schlechten Argumenten unterscheiden können.

GIBT ES EINE REALE WELT AUSSERHALB DEINES GEISTES? UND WIE LÄSST SICH DAS *BEWEISEN*?

WAS IST DIE GRUNDLEGENDSTE TATSACHE, DIE DIR EINFÄLLT?

WOHER WEISS ICH, DASS DIE DINGE, AN DIE ICH GLAUBE, WAHR SIND?

WISSEN

Wenn Menschen von Wissen sprechen, meinen sie oft nicht dasselbe. Wissen kann für sie bedeuten, dass sie *wissen, wie* etwas abläuft, oder dass sie *wissen, wer* jemand ist, oder dass sie *wissen, dass* etwas wahr ist.

Philosophinnen und Philosophen interessieren sich überwiegend für die letztgenannte Art von Wissen: das Wissen um **Sachverhalte**. Dabei stellen sie folgende Fragen: Wie eignen wir uns Wissen an? Was ist Wissen eigentlich? Können wir *überhaupt irgendetwas wissen*?

KÖNNEN WIR ÜBERHAUPT IRGENDETWAS WISSEN?

Du denkst wahrscheinlich: „Ja, natürlich können wir das!“ Ein paar ziemlich schlagkräftige Argumente könnten dich aber vom Gegenteil überzeugen. Man nennt sie **skeptische Argumente** – und sie sollen dich dazu bringen, auch ganz offensichtliche und sichere Dinge anzuzweifeln. Hier ist ein Beispiel:

Stell dir ein Gehirn in einem Glas oder „Tank“ vor. Das Gehirn ist an einen Supercomputer angeschlossen, der es mit allen Erfahrungen füttert, die es hätte, wenn es in einem sprechenden, herumlaufenden Menschen stecken würde. Das Gehirn denkt also, dass es tatsächlich ein Mensch *ist*, der spricht und herumläuft.

Die Erfahrungen des Gehirns im Tank sind exakt dieselben wie die einer normalen Person ...

... aber die Ursachen für die Erfahrungen, die das Gehirn im Tank und Norma machen, sind völlig verschieden.

Wenn das Gehirn im Tank nicht sagen kann, dass es tatsächlich ein Gehirn im Tank *ist*, dann kannst du nicht wissen, ob *du* nicht auch ein Gehirn im Tank bist. Wir wollen dich hier nicht davon überzeugen, dass du ein Gehirn im Tank bist. Es geht vielmehr darum, dir klar zu machen, dass du nicht *sicher* sein kannst, *kein* Gehirn im Tank zu sein.

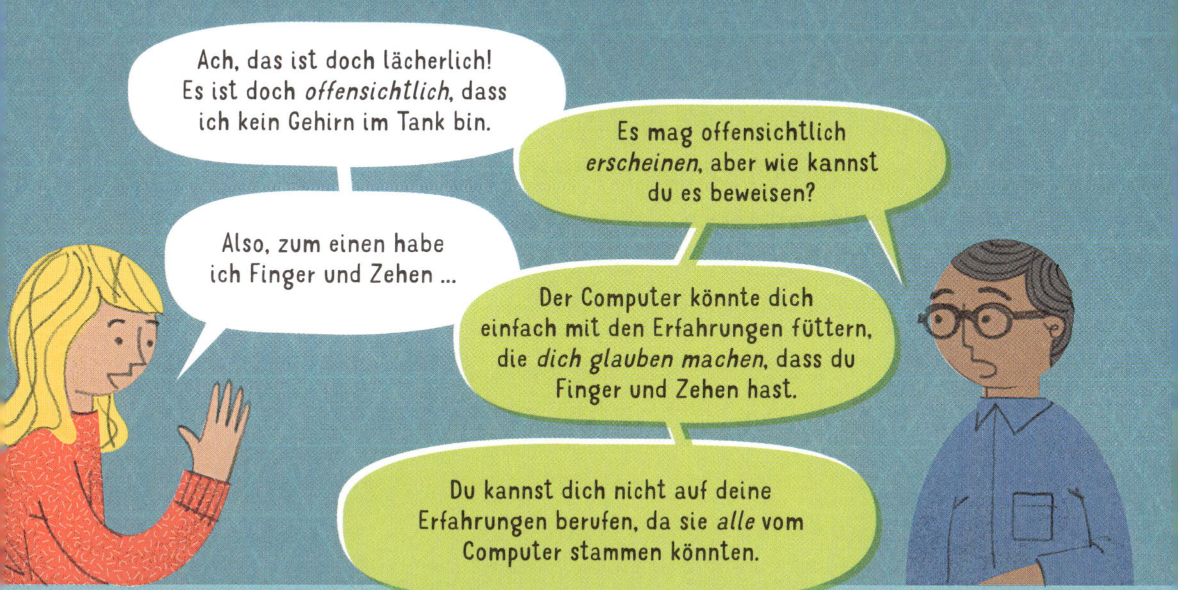
Ach, das ist doch lächerlich! Es ist doch *offensichtlich*, dass ich kein Gehirn im Tank bin.
Es mag offensichtlich *erscheinen*, aber wie kannst du es beweisen?
Also, zum einen habe ich Finger und Zehen ...
Der Computer könnte dich einfach mit den Erfahrungen füttern, die *dich glauben machen*, dass du Finger und Zehen hast.
Du kannst dich nicht auf deine Erfahrungen berufen, da sie *alle* vom Computer stammen könnten.

Welchen Sinn haben **skeptische Argumente**? Nun, wenn du nicht *wissen* kannst, dass du *kein* Gehirn im Tank bist, wie kannst du dann sicher sein, dass die Wirklichkeit tatsächlich so ist, wie du sie dir vorstellst? Und wenn du dir darüber nicht sicher sein kannst, **wie kannst du dann überhaupt *irgendetwas* wissen**?

Unser gesunder Menschenverstand sagt uns, dass dieses Argument einfach falsch *sein muss*. Aber auch der gesunde Menschenverstand liegt manchmal daneben, oder? Schließlich haben die Menschen lange genug geglaubt, die Erde sei eine Scheibe. Können wir uns wirklich auf den gesunden Menschenverstand verlassen?

Philosophinnen und Philosophen bringen beispielsweise die folgenden Einwände *gegen* das skeptische Argument vor:

Die Theorie, dass unsere Erfahrungen von gewöhnlichen Gegenständen – und nicht von einem Supercomputer – herrühren, ist eine einfachere Erklärung. Es ist sinnvoll, von der einfachsten Erklärung auszugehen.

Ich muss nicht beweisen, dass die Außenwelt existiert. Es ist Aufgabe der *Skeptiker*, zu beweisen, dass sie nicht existiert.

Auch wenn es *möglich* ist, dass ich ein Gehirn im Tank bin, gibt es keinen guten Grund, davon auszugehen. In der Tat ist es ziemlich unwahrscheinlich. Es stimmt zwar, dass ich nicht *ALLE* Zweifel ausräumen kann, aber das muss ich auch nicht. Ich kann trotzdem etwas WISSEN.

Was denkst du? Welche Aussagen überzeugen dich? Kannst du WISSEN, dass du kein Gehirn im Tank bist? Spielt es eine Rolle, wenn du es NICHT wissen kannst?

WOHER WISSEN WIR ETWAS?

Gehen wir einmal davon aus, dass Wissen grundsätzlich möglich ist. Wir werden viele Dinge, die wir zu glauben wissen, mit großer Wahrscheinlichkeit tatsächlich wissen – auch wenn sich manchmal Fehler einschleichen können. Doch wie überprüfen wir, ob bestimmte Überzeugungen als Wissen gelten können?

Ich weiß, dass J. K. Rowling ein neues Buch geschrieben hat.
Woher weißt du das?
Ich habe es in der Zeitung gelesen.
Aber warum denkst du dann, dass es wahr ist?
Na ja, weil ich denke, dass ich mich auf das verlassen kann, was in der Zeitung steht.
Aber warum glaubst du das?
Weil, weil, weil ... ich es einfach glaube!
TAGESBLATT

Das Problem ist, dass die Fragenreihe hier nicht enden muss. Nach Ansicht mancher Philosophen kann sie sogar endlos weitergehen, für immer und ewig. Das wird als **infiniter Regress** bezeichnet.

Wenn du dich fragst, warum du etwas glaubst ... dann gibt es immer wieder ein neues „Warum ...?“ und die endlose Kette von Warums bildet einen **infiniten Regress** ...

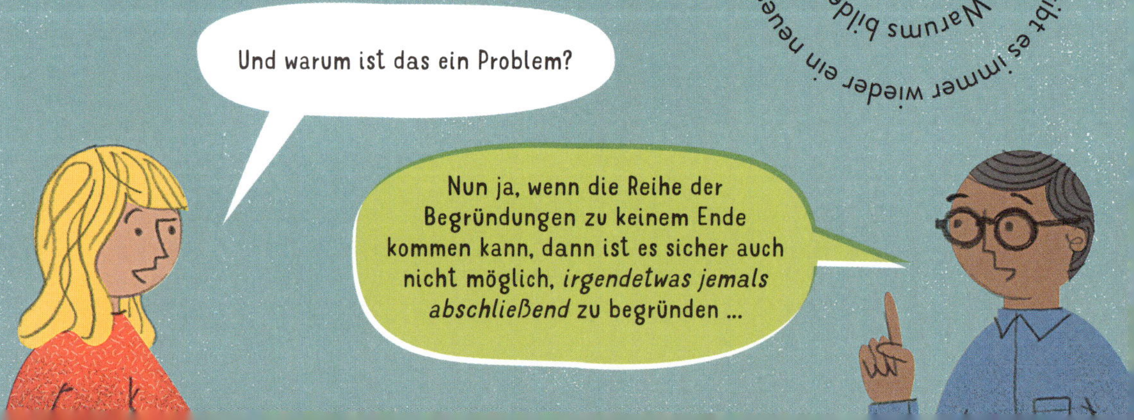
Und warum ist das ein Problem?
Nun ja, wenn die Reihe der Begründungen zu keinem Ende kommen kann, dann ist es sicher auch nicht möglich, *irgendetwas jemals abschließend* zu begründen ...

Es gibt jedoch eine Alternative ...
Prima! Und die wäre?
Vielleicht ist sie gar nicht so prima. Anstatt sich endlos fortzusetzen, kommen die „Warums“ und „Weils“ auf sich selbst zurück, sodass sie am Ende im Kreis verlaufen. Das nennt man **Zirkelschluss**.
Ah, so wie hier?
begründet durch 1 wird begründet durch 2 wird begründet durch 3 wird
Ist das denn *so* schlimm?
Nun, es würde bedeuten, dass jede Überzeugung nur durch eine weitere Überzeugung begründet werden kann. Wenn jede Überzeugung von einer anderen abhängt ...
... kann keine Überzeugung jemals mit *absoluter Sicherheit* begründet werden.
Okay, wir können nichts mit Sicherheit wissen. Wir stehen also wieder am Anfang ...
Nicht unbedingt ...

Viele Philosophen glauben, dass wir das Problem des Regresses beenden und den Kreislauf vermeiden können, indem wir die Struktur unseres Wissens als Gesamtheit betrachten.

Ihrer Ansicht nach gleicht Wissen einem Gebäude. Wenn alles, was wir wissen, auf einem starken *Fundament* vertrauenswürdiger Überzeugungen beruht, ist der Rest unseres Wissens (wenn wir vorsichtig sind) gut fundiert und stichhaltig.

Ich denke, also bin ich.
Mein Neffe ist der Sohn meiner Schwester oder meines Bruders.
2 + 2 = 4
Dieses Gras sieht grün aus.

WISSEN AUFBAUEN

Die Theorie, dass Wissen auf einem starken Fundament basiert, wird als **erkenntnistheoretischer Fundamentalismus** bezeichnet. Seine Vertreter stimmen nicht immer genau darin überein, *welche* Überzeugungen das Fundament bilden. Sie sind sich jedoch darüber einig, *dass* es sogenannte **Basisüberzeugungen** gibt, die nicht durch weitere Überzeugungen begründet werden müssen. Sie dienen als Fundament für weitere nicht-grundlegende Überzeugungen.

Okay, wie funktioniert das?
Wir fangen mit dem untersten Ziegelstein an. Jeder Stein bildet die Grundlage für den nächsten Stein.
WEITERE ÜBERZEUGUNG
Ich bin der Überzeugung, dass mein Nachbar jetzt Schafe hält.
WEITERE ÜBERZEUGUNG
Ich bin der Überzeugung, dass Schafe auf der Weide meines Nachbarn grasen.
BASISÜBERZEUGUNG
Ich sehe weiße, wollige Tiere auf der benachbarten Weide.

Natürlich kann man hier auch zu völlig falschen Einschätzungen kommen. Die Schafe könnten sich auf die Weide meines Nachbarn verirrt haben und vielleicht jemand ganz anderem gehören.

Manche Philosophinnen und Philosophen betrachten Wissen nicht als ein Gebäude mit einem Fundament, sondern als eine Art Netz aus miteinander verknüpften Überzeugungen. Solange die vernetzten Überzeugungen *konsistent* (sich im selben Netz nicht widersprechen) und zudem *kohärent* sind (sich alle gegenseitig unterstützen), können wir von diesen Überzeugungen ausgehen.

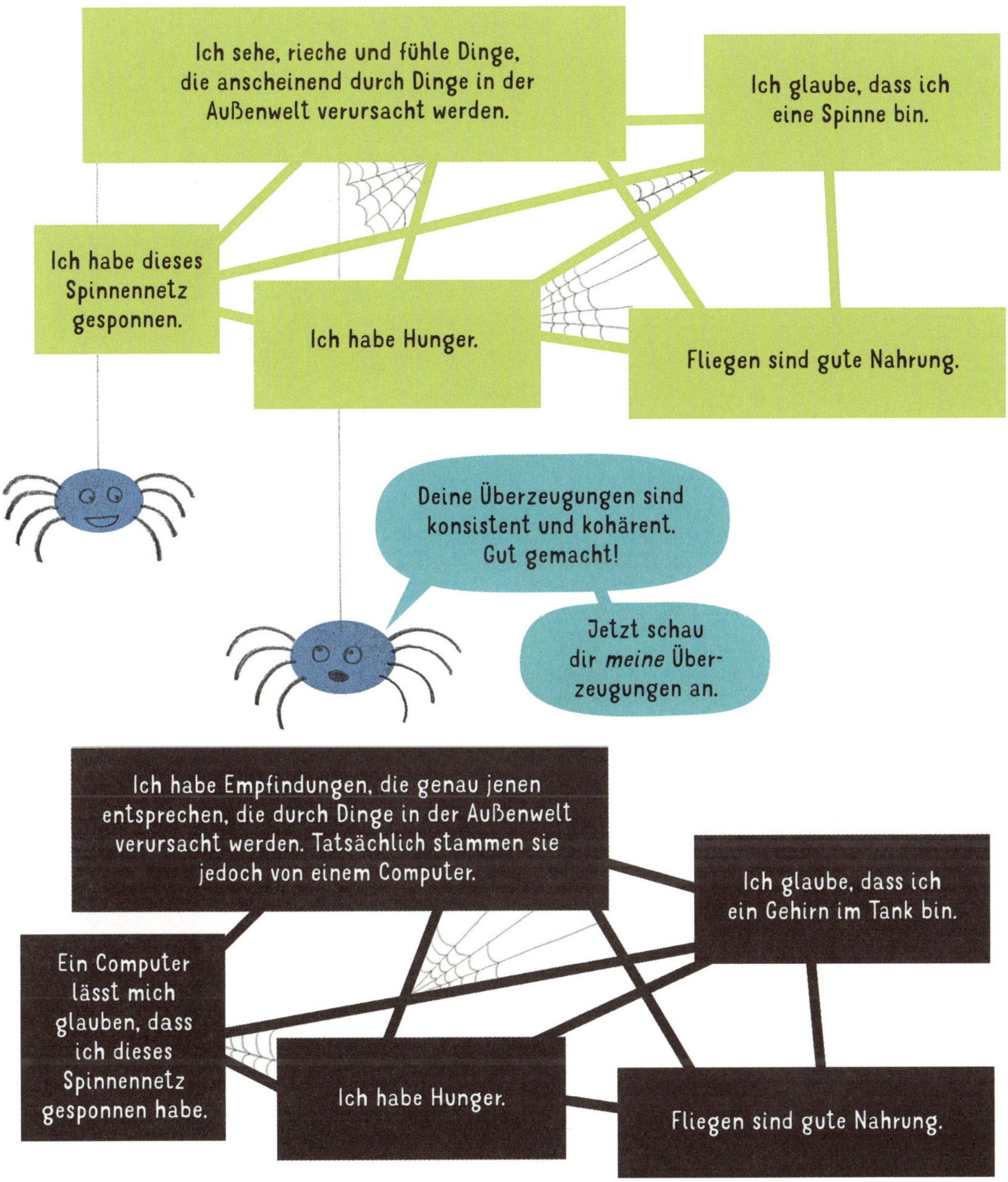

Ich sehe, rieche und fühle Dinge, die anscheinend durch Dinge in der Außenwelt verursacht werden.
Ich glaube, dass ich eine Spinne bin.
Ich habe dieses Spinnennetz gesponnen.
Ich habe Hunger.
Fliegen sind gute Nahrung.
Deine Überzeugungen sind konsistent und kohärent. Gut gemacht!
Jetzt schau dir *meine* Überzeugungen an.
Ich habe Empfindungen, die genau jenen entsprechen, die durch Dinge in der Außenwelt verursacht werden. Tatsächlich stammen sie jedoch von einem Computer.
Ich glaube, dass ich ein Gehirn im Tank bin.
Ein Computer lässt mich glauben, dass ich dieses Spinnennetz gesponnen habe.
Ich habe Hunger.
Fliegen sind gute Nahrung.

Beide Netze sind konsistent und kohärent, führen aber zu völlig verschiedenen Konklusionen. Es lässt sich nicht sagen, welche Spinne recht hat. Das heißt: Auch wenn alle deine Überzeugungen kohärent sind, können sie trotzdem falsch sein.

WAS IST WISSEN?

Um einen Sachverhalt zu *wissen*, muss dieser Sachverhalt *wahr* sein und man muss *glauben*, dass er wahr ist. Darin stimmen die meisten Philosophinnen und Philosophen überein.

Ich glaube, dass
Peter Basketball
spielen kann.

Wenn diese Person wirklich Peter *ist*, dann sieht es so aus, als sei das ein eindeutiger Fall von Wissen. Aber ist es immer so einfach? Stell dir das folgende Gespräch vor:

Hast du gehört, dass Khalids neuester Song die meistverkaufte Single der Woche ist?
Ja, das weiß ich. Ich habe es gestern geträumt.
Äh, echt? Okay. Na ja, also *ich* habe es am Montag in der *Musikwoche* gelesen. Daher weiß ich es.
Jana
Tim

Nehmen wir einmal an, Khalids Single ist *tatsächlich* der meistverkaufte Song der Woche. Weiß Tim es wirklich? Denkst du, dass Jana es weiß?

Wenn Tim es nicht weiß, Jana aber schon – was unterscheidet ihre wahren Überzeugungen dann voneinander? Warum gilt die eine als Wissen, die andere aber nicht? Es liegt an den **Gründen**, die Jana und Tim dafür angegeben haben.

Im Gegensatz zu Janas Grund hört sich der von Tim nicht besonders glaubhaft an. Philosophen würden sagen, dass Janas wahre Überzeugung **begründet** ist, die von Tim jedoch nicht. Können wir daraus eine neue und bessere Definition für Wissen ableiten?

Um einen Sachverhalt zu wissen, muss dieser wahr sein; du musst ihn glauben und deine Überzeugung muss begründet sein (du musst also einen guten Grund für sie haben).

GRÜNDE FÜR EINE ÜBERZEUGUNG

Stell dir vor, dass Henri seine Haare blau gefärbt hat.

Anna sieht Henri auf der Straße und kommt zu der...
Henri
Anna
BLAUE HAAR-FARBE
... wahren Überzeugung, dass er seine Haare blau gefärbt hat.

Währenddessen trifft Matti Erik, der *genauso* aussieht wie Henri und auch blau gefärbte Haare hat. Er kommt zur ...
Erik
Matti
BLAUE HAAR-FARBE
... wahren Überzeugung, dass Henri seine Haare blau gefärbt hat.

Anna hat Henri gesehen. Das scheint ein ausreichender Grund dafür zu sein, zu *wissen*, dass Henri seine Haare gefärbt hat. Ihr *Wissen* entspricht der Theorie der **begründeten wahren Überzeugung**.

Aber was ist mit Matti? Er kann es nicht *wissen*. Er hat Henri nicht gesehen, also ist sein Grund für die Überzeugung nur zufällig wahr. Wir fügen unserer Definition von Wissen also einfach eine weitere Bedingung hinzu:

Eine begründete Überzeugung darf nicht von falschen Überzeugungen abhängen.

Vielleicht brauchen wir aber auch einen völlig neuen Ansatz, um Wissen zu beschreiben. Blättere um und finde mehr dazu heraus.

WISSEN BEGRÜNDEN

Um von Wissen sprechen zu können, benötigen wir nach Ansicht einiger Philosophen nicht mehr als eine **Kette von Ursachen**. Über diese Kette wird ein *Sachverhalt* mit unserer *Meinung über den Sachverhalt* verknüpft. Man spricht dabei von der **kausalen Theorie des Wissens**.

Diese Theorie kann erklären, warum Anna etwas weiß, Matti aber nicht. Anna weiß, dass Henri seine Haare gefärbt hat. Ihre Überzeugung beruht darauf, dass sie ihn mit blauen Haaren gesehen hat. Mattis Überzeugung beruht *nicht darauf* (sondern darauf, dass er Erik gesehen hat). *Deshalb* weiß er es nicht wirklich. Der kausalen Theorie zufolge können wir übrigens auch etwas wissen, ohne die Überzeugung begründen zu können.

Ich weiß, dass Usain Bolt im Jahr 2009 den Weltrekord über 100 Meter aufgestellt hat.
Woher weißt du das?
Ähm, ich kann mich nicht erinnern. Ich *weiß* es einfach!
Lara
Eddie

Wenn lediglich eine „begründete wahre Überzeugung" Wissen ist, dann *kann* Lara es eigentlich nicht wissen, da sie keine gute Begründung für ihre Überzeugung hat. Sie kann es aber wissen – so die kausale Theorie –, wenn es zwischen dem Sachverhalt und der Überzeugung eine Kette von Ursachen gibt:

AM GRÖSSTEN, SCHNELLSTEN, HÖCHSTEN
von Darran Stobbart

Ereignis: Usain Bolt stellt im Jahr 2009 einen Weltrekord auf.	Das Ereignis wird in den Nachrichten gezeigt.	Ein Journalist sieht die Nachrichten.	Er schreibt ein Buch darüber.	Lara liest das Buch (aber vergisst wieder, dass sie es gelesen hat).

So weit klingt die Theorie ganz gut. Der amerikanische Philosoph Alvin Goldman stellte jedoch dieses Gedankenexperiment auf: Amelia fährt eine Landstraße entlang. Sie sieht eine Scheune und kommt zu der wahren Überzeugung, dass dort eine Scheune steht.

Sie *scheint* dies *zu wissen*, da es eine kausale Kette zwischen der Scheune und ihrer Überzeugung gibt, dass die Scheune existiert. Die Ursache ihrer Überzeugung liegt darin, dass sie die Scheune sieht. Dass sie die Scheune sieht, liegt daran, dass die Scheune dort steht.

Amelia weiß jedoch nicht, dass es in der Gegend viele Scheunenattrappen gibt, die genau wie echte Scheunen aussehen. Die Scheune, die sie sieht, ist eine echte, es hätte aber genauso gut eine Attrappe sein können. Dann wäre ihre Überzeugung falsch gewesen.

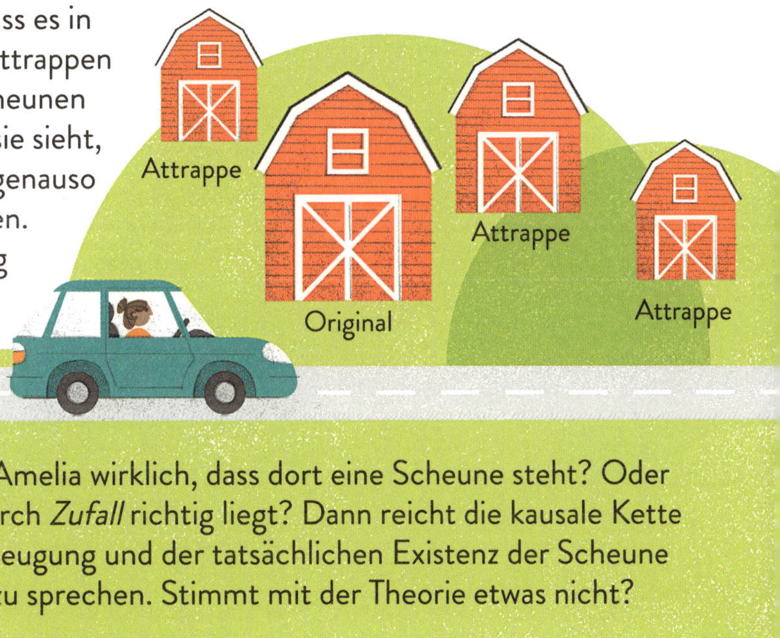
Attrappe
Original
Attrappe
Attrappe

Die Frage lautet also: *Weiß* Amelia wirklich, dass dort eine Scheune steht? Oder ist es eher so, dass sie nur durch *Zufall* richtig liegt? Dann reicht die kausale Kette zwischen ihrer wahren Überzeugung und der tatsächlichen Existenz der Scheune nicht aus, um von „Wissen" zu sprechen. Stimmt mit der Theorie etwas nicht?

Spätestens jetzt denkst du vielleicht, dass eine genaue Definition von Wissen unmöglich ist.
Zu jeder Theorie von Philosophen scheint es ein Gegenbeispiel zu geben, das beweist, dass die Theorie nicht ganz stimmig ist.
Das kommt in der Philosophie häufig vor. Manchmal ist es ziemlich frustrierend, aber das gehört dazu.
Ob du nun schon eine zufriedenstellende Antwort gefunden hast oder nicht – du hast hoffentlich schon etwas dazugelernt und siehst etwas klarer.

STEUERST
DU DEINEN GEIST
ODER STEUERT
DEIN GEIST DICH?

ROBOTER HABEN
KEIN GEHIRN,
ABER KÖNNEN
SIE EINEN GEIST
HABEN?

WOHER WEISS
ICH, DASS ANDERE
DIE WELT GENAU
SO WAHRNEHMEN
WIE ICH?

UNSER GEIST

Die „Philosophie des Geistes" beschäftigt sich mit geistigen oder mentalen Phänomenen wie Gedanken, Gefühlen oder Emotionen. Eine ihrer zentralen Fragen lautet, was unser Geist ist und wie er im Verhältnis zur Außenwelt steht. Wenn wir verschiedene Auffassungen über die Natur unseres Geistes kennenlernen, können wir uns selbst und andere Menschen aus einem ganz neuen Blickwinkel betrachten.

HABEN ANDERE MENSCHEN EINEN GEIST?

Oft können wir nur schwer nachvollziehen, was in den Köpfen anderer Menschen vorgeht. Wir können nur mutmaßen, was dort ablaufen *könnte*, sind jedoch nicht in der Lage, in die Köpfe anderer hineinzuschauen.

Ich liebe es, mit meinem Hund zu kuscheln. Dann durchströmt mich so ein wohliges Kribbeln!
Wovon redet die nur?

Philosophinnen und Philosophen beschreiben den menschlichen Geist manchmal als etwas *Privates*. Das bedeutet, dass die Gedanken und Gefühle einer Person nur *ihr allein* zugänglich sind. Die Wahrnehmungen anderer Menschen können also völlig von dem abweichen, was du erwartest.

Nehmen wir dieselben Dinge in derselben Weise wahr?

Meinen wir dasselbe, wenn wir zum Beispiel über Gefühle sprechen?
Ich fühle mich super!
Ich mich auch!

Wissen wir überhaupt, ob andere Menschen einen Geist haben, oder sehen sie nur so aus, als hätten sie Gedanken und Gefühle? Könnte es sich nicht auch um leere Körper handeln, in deren Köpfen gar nichts abläuft?

Du sagst vielleicht: „Ich habe Wahrnehmungen, Gefühle und Gedanken. Andere Menschen sehen so aus wie ich und verhalten sich wie ich, also liegt es nahe, dass auch sie über einen Geist verfügen.“ Diese Argumentation ist jedoch nicht stimmig. Schau dir dazu das folgende Beispiel an.

1. Du siehst einen braunen Hund.
2. Du folgerst, dass *alle* Hunde braun sind.

Es sind aber *nicht alle* Hunde braun. Von einem *einzigen* Beispiel können wir keine *allgemeine* Schlussfolgerung ableiten. Du musst nachweisen, dass dieselbe Folgerung auf *mehrere* Fälle anwendbar ist. Für den Geist ist das jedoch nicht möglich, da du nur mit Sicherheit weißt, dass *du* einen Geist hast.

Unser gesunder Menschenverstand lässt uns annehmen, dass alle Menschen einen Geist besitzen, da es eine einfache und glaubhafte Erklärung für ihre Handlungen ist. Aber warum sollten wir uns auf den gesunden Menschenverstand verlassen? Versuche einmal, das Verhalten von Menschen auf einer Party zu erklären.

Erklärung 1: Alle haben einen Geist, der deinem eigenen Geist ähnelt.
Natürlich tanzen diese Leute. *Alle* lieben diesen Song!
Erklärung 2: Andere Menschen haben keinen Geist ...
Äh ... wenn in ihren Köpfen nichts abläuft, warum bewegen sie sich dann zu dieser Musik? Seltsam!

DAS LEIB-SEELE-PROBLEM

Die meisten Menschen glauben, dass es klare Unterschiede zwischen unserem Körper (Leib) und unserem Geist (Seele) gibt.

KÖRPER	GEIST
Unser Körper existiert im Raum.	Gedanken nehmen keinen Raum ein.
Wir können unseren Körper messen und wiegen. Andere Menschen können das auch.	Wir können unsere Gedanken oder Wahrnehmungen nicht wiegen.
Wir können unseren Körper sehen, berühren und fühlen.	Andere Menschen haben keinen Zugang zu unseren Gedanken.

Wie steht es nun aber um das Verhältnis zwischen Körper und Geist? Zu diesem **Leib-Seele-Problem** haben Philosophen alle möglichen Theorien entwickelt.

1. GEIST UND KÖRPER SIND VERSCHIEDENE SUBSTANZEN

Dieser Theorie zufolge ist der Körper eine physische Substanz, die Raum erfordert. Der Geist hingegen ist keine physische Substanz und benötigt auch keinen Platz. In diesem Fall könntest du aber fragen, wie eine nicht-körperliche Sache Veränderungen an einer körperlichen Sache hervorrufen kann?

Ich will Kuchen!
Nicht-körperliche Sache (Wunsch)
Ich werde meine Hand nach dem Kuchenstück ausstrecken.
Körperliche Sache (Handlung)

Manche Philosophen behaupten, dass eine Sache, die keinen Raum erfordert, nicht auf etwas einwirken kann, das Raum erfordert. Der Ansatz, dass Geist und Körper verschiedene Substanzen sind, ist für sie also keine Lösung des Problems.

2. GEIST UND GEHIRN SIND DASSELBE

Diese Behauptung ist eine weitere Möglichkeit, den Geist zu beschreiben. Philosophen sprechen hier von der **Identitätstheorie**. Sie besagt, dass die Vorgänge im Geist eines Menschen (seine jeweiligen geistigen oder **mentalen Zustände**) an bestimmten Prozessen erkennbar sind, die in seinem Gehirn ablaufen. Dazu zwei vereinfachte Beispiele:

Wenn eine Person sagt, dass sie Lust auf Kuchen hat (ein mentaler Zustand), ist *dieser* Teil des Gehirns aktiv.

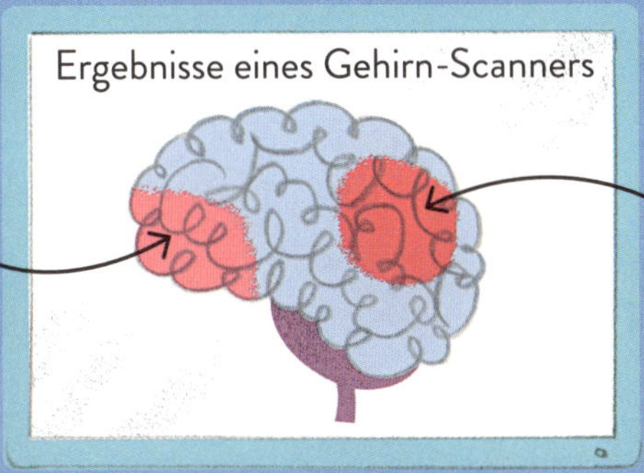

Wenn eine Person sagt, dass sie Schmerz empfindet (ein anderer mentaler Zustand), ist *dieser* Teil des Gehirns aktiv.

Hier geht man also davon aus, dass alle mentalen Zustände *spezifischen* Prozessen im Gehirn entsprechen. Philosophen sind dabei jedoch auf ein Problem gestoßen.

Zahlreiche Tiere zeigen Anzeichen für mentale Zustände wie Schmerzempfinden. Ihre Gehirne unterscheiden sich aber oft sehr vom menschlichen Gehirn.

Die Identitätstheorie definiert Schmerz als *spezifischen* Gehirnzustand und folgert daraus, dass Tiere keinen bzw. nicht dieselbe Art von Schmerz empfinden können wie wir Menschen.

Dazu ein Gedankenexperiment: Stell dir ein außerirdisches Wesen mit einem völlig anderen Körperbau vor. Kann es Schmerz empfinden?

Vielleicht hat es in seinem Kopf überhaupt kein Gehirn, sondern nur glühenden Schleim. Aber bedeutet das, dass es nicht doch dieselbe Art von Schmerz fühlen kann wie wir?

Um das Leib-Seele-Problem zu lösen, benötigen Philosophen eine Definition für mentale Zustände wie Schmerz. Sie muss für *alle Dinge* gelten, die den Zustand empfinden. Ist er jedoch mit einem bestimmten Teil des Gehirns verbunden, können Dinge, die diesen Teil *nicht nutzen* oder *nicht haben*, keinen Schmerz empfinden.

3. DER GEIST IST, WAS ER TUT

Eine Alternative zur Identitätstheorie ist der **Funktionalismus**. Ihm zufolge müssen mentale Zustände danach definiert werden, was sie *tun* oder welche *Funktion* sie haben – so wie wir es bei vielen Dingen des täglichen Lebens tun.

Eine Uhr beispielsweise beschreiben wir als etwas, das die Zeit angibt. Dabei kommt es nicht darauf an, woraus die Uhr gemacht ist oder wie sie genau funktioniert.

Es ist drei Uhr.
03:00

Mechanische Uhr   Digitale Uhr   Sonnenuhr   Sprechende Uhr

Wie lässt sich das auf mentale Zustände übertragen? Funktionalisten vergleichen den Geist oft mit einem Computer, der bestimmte **Inputs** erhält und darauf mit **Outputs** reagiert. Ein mentaler Zustand ist also das, was einen Output als Reaktion auf einen Input verursacht. Was *tut* der Geist also? Was ist seine Funktion? Er verursacht einen Output.

INPUT
MENTALER ZUSTAND
OUTPUT
KÖSTLICHER SCHOKOLADEN-KUCHEN!
Ich WILL Kuchen!
Bodo sieht Reklame für Kuchen. Dieser Sinneseindruck veranlasst ihn ...
... Kuchen essen zu wollen. Dieser mentale Zustand veranlasst ...
... eine Handlung: Bodo versucht, an Kuchen zu kommen (außer er will etwas anderes noch mehr).

Was einen mentalen Zustand (Kuchen wollen) ausmacht, ist keine spezifische Gehirnaktivität, sondern dass er einen bestimmten Output (an Kuchen kommen) hervorruft .

Eine funktionale Beschreibung sollte also für *jeden* Geist gelten, ganz gleich, ob Mensch, Tier, Außerirdischer oder Roboter. So wie alle Uhren die Zeit angeben, können unterschiedliche Dinge die Funktionen eines Geistes mit unterschiedlichen Materialien ausführen.

Gehirnzellen in einem Menschen

Ich will Kuchen.

Mikrochips in einem Roboter

Kuchen aneignen

Dinge außerhalb unserer Vorstellung ... in einem Außerirdischen

Bring mich zu einer Bäckerei!

Der Funktionalismus erklärt aber *nicht* alles. Verlangen und Schmerz sind nicht nur Funktionen, sondern auch *Empfindungen*. Im Idealfall könnte der Funktionalismus erklären, wie sich ein mentaler Zustand anfühlt und welche Funktion er hat ... aber das tut er nicht.

Manchen Philosophen zufolge ist es unmöglich, die Erfahrung oder das Erleben von mentalen Zuständen zu erklären. Stell dir vor, du willst einem außerirdischen Wesen klarmachen, was Schmerz ist, wenn es diesen gar nicht empfinden kann.

Hast du dir jemals einen Zeh gestoßen oder dir auf die Zunge gebissen? Das ist sehr unangenehm.
„Unangenehm“? Was bedeutet das?
Das heißt, dass du es nicht noch einmal erleben möchtest.
Was? Versteh' ich nicht.

Ich kann es beschreiben, aber der Außerirdische kann es nicht verstehen, da er nicht fühlt, was ich empfinde.

Wenn man nicht erklären kann, wie sich etwas anfühlt, dann ist es vielleicht egal, wenn der Funktionalismus Empfindungen nicht erklärt.

HABEN WIR WIRKLICH DIE WAHL?

Du triffst jeden Tag unzählige Entscheidungen – zum Beispiel, ob du dieses Buch liest. Die Wahl haben zu können, spielt eine große Rolle in unserem Leben. Philosophen sprechen dabei vom *freien Willen*. Oft tadeln oder loben wir andere für etwas, weil sie *frei gewählt* haben, sich so zu verhalten.

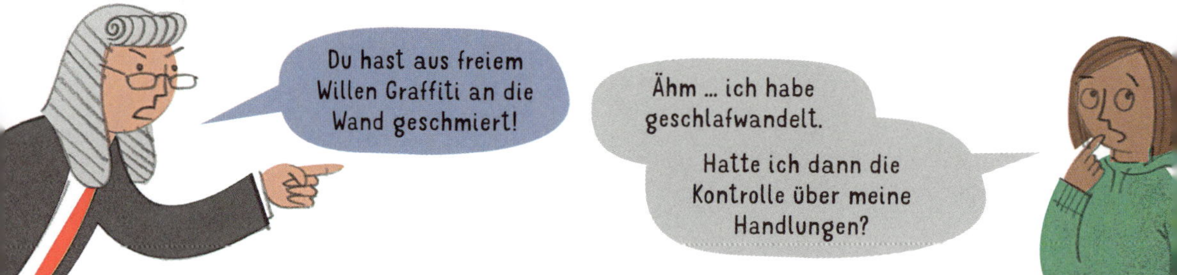
Du hast aus freiem Willen Graffiti an die Wand geschmiert!
Ähm ... ich habe geschlafwandelt.
Hatte ich dann die Kontrolle über meine Handlungen?

ANKLAGEBA

Können wir *wirklich* frei darüber entscheiden, was wir tun? Manche Philosophen verneinen das. Wenn du die Welt um dich herum betrachtest, kommst du vielleicht auf die Idee, dass Gegenwart und Zukunft durch vergangene Ereignisse bedingt sind. Wir erklären alles Mögliche, indem wir es auf vergangene Ereignisse beziehen.

Wie ist dein Handy kaputtgegangen?
Es war ein Unfall ...
SPLITTER!

Das wird als **Determinismus** bezeichnet. Wenn Aktuelles und Zukünftiges durch Vergangenes festgelegt sind, schließt das auch ein, was du tust und wer du bist.

Wir können die Vergangenheit nicht verändern. Aber wenn die Zukunft durch die Vergangenheit *bestimmt* ist ...

... dann haben *wir* keine Wahl, was unsere Zukunft angeht.

Wir glauben, dass wir über vieles in unserem Leben nicht frei entscheiden können, weil es durch lang zurückliegende Ereignisse bestimmt ist.

Wie du aussiehst, hängt von deinen Eltern ab, und wie *sie* aussehen, hängt wiederum von *ihren* Eltern ab.

Welche Sprache du sprichst, hängt davon ab, wo du aufgewachsen bist.

Deine Vorstellungen, Meinungen und dein Charakter werden von dem geprägt, was du in der Schule, von deinen Eltern, Freunden oder deiner Umwelt lernst.

Jak se máš?
Dobrý den!
Ahoj

Manche Menschen gehen sogar noch etwas weiter. Wenn *alles*, was dich betrifft, und die ganze Welt um dich herum von der Vergangenheit bestimmt sind, dann gilt das auch für deine *Entscheidungen*. Das ist wichtig. Denn wenn keine deiner Entscheidungen aus freiem Willen getroffen wird – wenn alle durch die Vergangenheit bestimmt sind –, dann könnte das auch die Rechtsprechung beeinflussen.

Der Angeklagte ist nicht schuldig. Eine Abfolge von Ereignissen zwang seinen Geist dazu, seinen Körper bestimmte Bewegungen ausführen zu lassen. Er hatte überhaupt keine andere Wahl.

Und damit kommen wir zu dieser Frage: Wenn wir niemals die Wahl hatten, anders zu handeln, wie können wir dann einen freien Willen haben?

IST *WIRKLICH* ALLES FESTGELEGT?

Wenn alle unsere Handlungen durch die Vergangenheit bestimmt sind, dann haben wir keinen freien Willen. Was aber, wenn Gegenwart und Zukunft *nicht* durch die Vergangenheit festgelegt sind?

Die Physik beschäftigt sich mit den Vorgängen in der Natur. Einigen Physikern zufolge ist bei genauer Betrachtung der Welt *alles*, was von einem Moment zum anderen passiert, zumindest *teilweise* eine Frage des Zufalls. Versuche es einmal mit diesem Beispiel: Wirf eine Münze in die Luft.

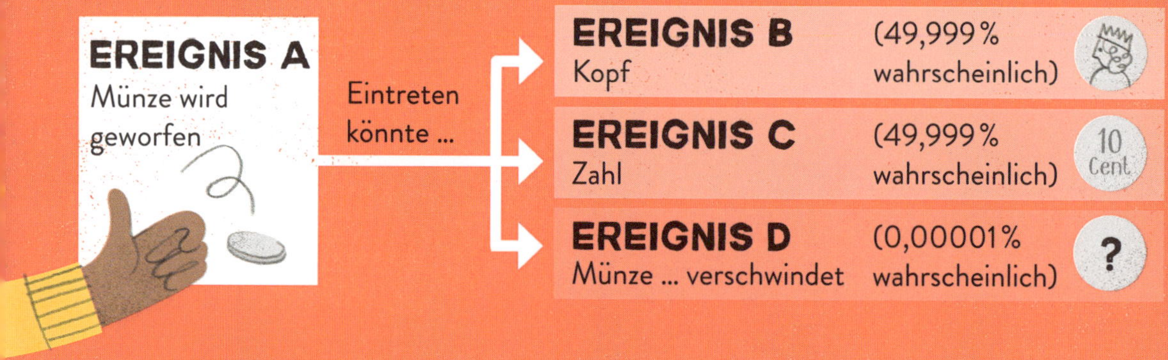

Für *Philosophen* bedeutet das: Es ist immer möglich, dass etwas Unvorhersehbares passiert, auch wenn es sehr unwahrscheinlich ist. Dann aber stimmt etwas mit dem Determinismus nicht, da einige Ereignisse nicht direkt durch vorherige Ereignisse hervorgerufen werden. Sie passieren per Zufall.

Bedeutet das nun, dass wir einen freien Willen haben? Nicht unbedingt. Wenn der Determinismus falsch ist, könnten deine Handlungen *völlig* willkürlich sein – gerade so, als würdest du alle Entscheidungen mithilfe eines Würfels treffen.

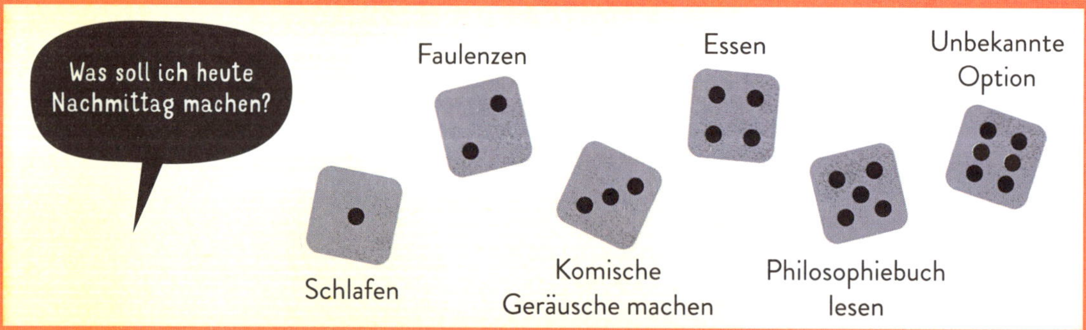

Das ist im Grunde das Gleiche, als hätte man keine Wahl. Wenn deine Handlungen vorher festgelegt oder willkürlich sind, kannst du keinen freien Willen haben.

Deine Erfahrungswelt gibt dir aber sehr wahrscheinlich das Gefühl, über deine Handlungen *frei* entscheiden zu können. Wie lässt sich das erklären? Und was bedeutet „freier Wille" nun wirklich? Die einfachste Erklärung ist vermutlich diese: Du hast einen freien Willen, wenn du eine Entscheidung triffst, *ohne dabei von vergangenen Ereignissen eingeschränkt zu werden.*

Klingt gut, aber ich mache mir keine Gedanken darüber, „eingeschränkt" zu sein. Frei sein bedeutet für mich, *tun zu können, was ich will.*
Nun, wenn du es so siehst, dann kannst du problemlos an den freien Willen *und* an den Determinismus glauben. Es ist möglich, dass deine Handlungen völlig festgelegt sind, aber du immer noch tust, was du *willst.*
Warte mal kurz. Vielleicht habe ich das falsch gesehen! Sagen wir mal, ich spiele die ganze Nacht Videospiele und ich fühle mich frei und glücklich. Wenn ich keine anderen Optionen zur Auswahl habe, dann bin ich vielleicht *nicht* frei, auch wenn ich etwas tue, was ich tun will.
Jetzt sprichst du von der *Auswahl von Handlungen* und nicht davon, tun zu können, was du willst. Du sagst auch, du *fühlst* dich frei. Bist du frei, wenn du dich im Inneren frei fühlst? Oder geht es um äußere Freiheit?
Wenn Freiheit bedeutet, dass man sich frei *fühlt*, dann könnte ja jeder einfach für sich entscheiden, frei zu sein! Solange jemand sich frei fühlt, spielt es keine Rolle, ob seine Handlungen vorher festgelegt sind oder nicht.
Wenn Freiheit bedeutet, Handlungen auszuwählen, ist niemand von uns wirklich frei – selbst wenn der Determinismus falsch ist. Das erklärt aber nicht, warum ich mich *fühle*, als könnte ich freie Entscheidungen treffen …
Egal was die Philosophen mir sagen. Ich *handle* immer noch so, als würde ich denken, ich sei frei! Das reicht mir.

WAS IST KUNST?

WAS IST *GUTE* KUNST?

KANN EIN GEDICHT ODER EIN LIED SO SCHÖN WIE EINE ROSE SEIN?

SCHÖNHEIT UND KUNST

Fragen über Schönheit und Kunst fallen in ein Teilgebiet der Philosophie, das als **Ästhetik** bezeichnet wird. Der Begriff geht auf das griechische Wort *aísthēsis* zurück und bedeutet „Wahrnehmung über die Sinne“: sehen, hören, fühlen, schmecken und riechen.

WAS IST SCHÖNHEIT?

Vielerlei Dinge können schön sein: Menschen, Musik, Dichtung, Malerei, Wissenschaft, die Aussicht von einem Berggipfel, Blumen, Sonnenuntergänge ... Aber lässt sich ein Wort, mit dem wir so vieles beschreiben, überhaupt genau definieren?

Schönheit ist ...

... ein sonniger Frühlingsmorgen.
... ein Klavierkonzert von Mozart.
... eine rote Rose.

VIELSCHICHTIGE BEDEUTUNGEN

Die Bedeutung von Schönheit hängt davon ab, worauf der Begriff sich bezieht. So lautet eine philosophische Auffassung. Ein Lied beispielsweise kann eine Schönheit besitzen, die eine direkte und unverzügliche Reaktion hervorruft.

Ein Gedicht verfügt vielleicht über eine andere Art von Schönheit, die mehr Zeit erfordert, damit man es verstehen und würdigen kann.

Das ist ein schönes Lied. Schon beim ersten Hören fand ich es super.
Die Schönheit dieses Gedichts habe ich erst erkannt, nachdem ich es dreimal gelesen und über seine Bedeutung nachgedacht habe.

IST SCHÖNHEIT KOPFSACHE?

Manche Philosophinnen und Philosophen meinen, dass Schönheit ausschließlich im Geist des Betrachters existiert. Dadurch wird sie zu einem *subjektiven* Wert. Andere behaupten, dass Schönheit *objektiv* ist und von den Eigenschaften einer Sache abhängt. Wenn Schönheit objektiv ist – welche Eigenschaften definieren sie dann?

Diese Frau ist schön.
Was meinst du damit?
Ihre Schönheit ist *objektiv*. Das sieht doch jeder. Sie hat große Augen, einen schlanken Hals und glänzende Haare.
Du definierst Schönheit also über die objektiven Eigenschaften, die sie besitzt. Was ist mit dem Sonnenuntergang? Ist der auch schön?
Ja, natürlich.
Aber er hat weder große Augen noch glänzende Haare.
Nein, er hat andere Eigenschaften. Fantastische, leuchtende Farben ...
Gibt es denn irgendwelche Eigenschaften, die *alle* schönen Dinge gemeinsam haben?
Nein, das ist unmöglich! Zumindest fallen mir keine ein.

OBJEKTIVE SCHÖNHEIT

Im Altertum beschäftigten sich Philosophen mit der Frage, ob bestimmte Eigenschaften – wie Proportionen oder Symmetrie – Dinge schön erscheinen lassen. Wenn man eine Formel für die Proportionen eines schönen menschlichen Körpers aufstellen könnte, dann ließe sich daraus eine Formel für Schönheit ableiten, so glaubten sie.

Die Schönheit dieser Statue beruht auf ihren symmetrischen Gesichtszügen.
Und auf den harmonischen Proportionen ihres Körpers.
Wenn ich diese Proportionen nachahmen würde, könnte ich eine neue Skulptur schaffen, die genauso schön ist.

Architekten im alten Griechenland bauten anhand mathematischer Formeln schöne Bauwerke mit bestimmten Proportionen.

Sie nutzten den „Goldenen Schnitt“, ein bestimmtes Verhältnis von Höhe zu Breite.

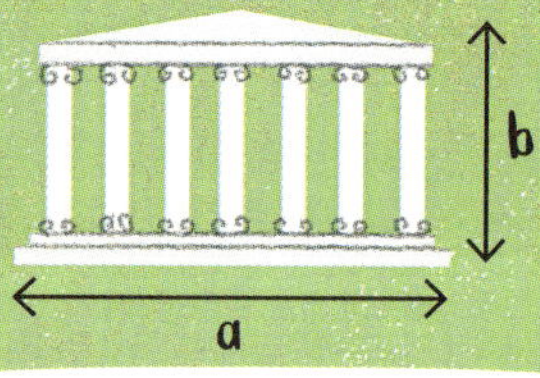

b
a

$$\frac{a}{b} = \frac{a+b}{a} = 1,62...$$

Die Schönheit dieses Bauwerks beruht auf seinem Aufbau, seiner Symmetrie und seinen Proportionen! Das Verhältnis von Höhe zu Breite entspricht dem Goldenen Schnitt.

Dann sind also alle Bauwerke, die dem Goldenen Schnitt entsprechen, ebenso schön.

Die Schönheit von Bauwerken mit *anderen* Proportionen und Formen erklärt der Goldene Schnitt jedoch nicht. Eine Regel, die sich auf ALLE schönen Bauwerke – oder gar auf alle schönen Dinge – anwenden lässt, hat bisher niemand gefunden.

SUBJEKTIVE SCHÖNHEIT

Nehmen wir nun einmal an, dass Schönheit subjektiv ist und eher davon abhängt, wie wir auf etwas reagieren. Schließlich gehen die Meinungen darüber, was schön ist und was nicht, weit auseinander.

Dieser Hund ist schön!
Echt? Ich finde ihn total hässlich.
Das ist okay. Jeder hat eine andere Auffassung von Schönheit und einen anderen Geschmack.

Das Problem bei diesem Ansatz ist: Wenn Schönheit nur „im Auge des Betrachters“ liegt, also nur von seiner Wahrnehmung abhängt und damit für jede Person anders ist, dann können zwei Personen niemals mit Sicherheit wissen, ob sie mit dem Begriff „Schönheit“ dasselbe meinen.

Was für eine schöne Aussicht!
Ja, total schön!

Trotzdem gibt es oft Einigkeit darüber, was schön ist und was nicht. Nur wenige von uns würden etwa die Schönheit eines spektakulären Sonnenuntergangs bestreiten. Man kann also annehmen, dass Schönheit tatsächlich über eine gewisse universelle Bedeutung verfügt.

WER BEURTEILT SCHÖNHEIT?

Der deutsche Philosoph Immanuel Kant glaubte, dass Schönheit subjektiv sei. Er stellte aber auch fest, dass die Menschen den Begriff allgemeingültig verwenden. Man kann zwar keine Eigenschaften festlegen, die *alle* schönen Dinge haben – Kant zufolge kann man aber Eigenschaften benennen, die jeder besitzen muss, der über die Schönheit eines Gegenstands urteilt.

Das ist ein schönes Kunstwerk!
Wie kannst du das beurteilen? Warum sollte ich irgendetwas auf deine Meinung geben?
Ich habe Kunst studiert und viele Kunstmuseen besucht, daher habe ich ausreichend Erfahrung und guten Geschmack, um es beurteilen zu können ...

Kant argumentierte, dass erfahrene Kritiker in der Regel in ihrer Meinung übereinstimmen und ein verlässliches Urteil abgeben. Sie sagen uns, was gute Literatur, Kunst, Musik oder Schauspielerei ist und wählen bei Wettbewerben die Gewinner aus. Auch wenn ihre Geschmäcker verschieden sind, verlassen sich die Menschen auf ihr Urteil.

Meinungen sind subjektiv, aber die Gesamtwertung der Richter ist ein *objektives* Urteil.
8,8
9,3
8,5
7

IST SCHÖNHEIT REAL?

Der griechische Philosoph Platon verband das „Schöne“ mit dem „Guten“. Beide Ideen existierten für ihn in einer idealen Welt der Vorstellungen, außerhalb unserer eigenen realen Welt. Er sah Schönheit als grundlegenden, objektiven Wert, nach dem die Menschen streben sollten.

Tatsächlich werden wir in dieser Welt *niemals* in der Lage sein, wahre Schönheit zu sehen.
Was ist mit dieser Lilie? Ich halte sie für schön.
Sie ist ein bloßes Abbild der schönstmöglichen Lilie.
Ooh, *die* Lilie möchte ich sehen!
Leider glaube ich nicht, dass sie überhaupt existiert. Die schönste Lilie der Welt ist wie der Schatten einer imaginären Lilie von perfekter Schönheit.

Aber kann man „Schönheit“ von „schönen Dingen“ trennen? Wir erleben Schönheit doch in unserer realen Welt und teilen unsere Erfahrungen oft mit anderen.

LUST UND SINNE

Philosophen der Antike definierten Schönheit über die Lust oder die Emotionen, die etwas Schönes hervorruft.

Diese Halskette ist schön, weil sie mir jedes Mal Freude bereitet, wenn ich sie trage.
Mmmm! Dieses Eis ist ein großes Vergnügen.
Das Lösen dieses Rechenrätsels bereitet mir ein lang anhaltendes Denkvergnügen.

Die Bedeutung von Vergnügen oder Lust ändert sich – wie die Bedeutung von Schönheit – je nach den Umständen. Die sinnliche Lust des Eisessens ist eine andere Art von Freude als die durch Schönheit hervorgerufene Lust. Andere Vergnügen, wie Lesen oder Rätseln, sind geistiger und nicht sinnlicher Natur.

WAS IST KUNST?

Früher war Kunst oft untrennbar mit Schönheit und der Schaffung schöner Dinge verbunden. Heute haben viele Menschen ein allgemeines Verständnis von „Kunst“ und sprechen gern und häufig darüber – unabhängig davon, ob sie etwas schön finden oder nicht.

Magst du Kunst?
Nein, ich *liebe* sie.

Kunst bezieht sich hier auf Malen, Zeichnen und alles, was du aus dem Kunstunterricht kennst. „Kunst“ kann jedoch vieles bedeuten ...

Sind Bildhauerei, Druck oder Töpfern auch Kunst?
Ja, selbstverständlich.
Meine Teekanne wurde von einem Töpfer gemacht. Ist das ebenfalls Kunst?
Nein, das ist etwas anderes. Die Teekanne ist funktional. Das ist keine Kunst.

Manche Menschen unterscheiden zwischen Objekten, die bei ihrer Schaffung als Kunstwerke *gedacht* sind, zum Beispiel ein Gemälde an einer Wand, und Objekten, die für einen bestimmten Zweck geschaffen wurden, zum Beispiel eine Teekanne oder ein Stuhl. Was passiert jedoch, wenn ein funktionaler Haushaltsgegenstand in einem Kunstmuseum ausgestellt wird? Kann er dann zu einem Kunstwerk *werden*?

Ist meine Teekanne jetzt Kunst?
Teekanne
C. Grau, 2020
Ja, ich glaube schon.

Der „Kunstmuseum-Test“ deckt aber nicht alles ab. Viele Kunstwerke werden nicht in Museen ausgestellt, sondern können draußen im Freien gefunden werden – und vielleicht sogar in kleinen Dingen des Alltags. Wie auch immer du Kunst definierst: Es findet sich immer ein Beispiel, das außerhalb deiner Definition liegt.

KUNST UND BEDEUTUNG

Vor der klassischen Moderne, die um 1900 begann, musste gute Kunst meist schöne Kunst sein oder Dinge aus der natürlichen Welt auf realistische Weise darstellen. Diese naturgetreue Wiedergabe der Wirklichkeit gab der Kunst ihre *Bedeutung*.

Das Bild ist gut, weil der Baum so echt aussieht!

Als Kunstschaffende damit anfingen, mit abstrakten Ideen zu experimentieren, waren Bedeutung und Thema der Kunst nicht mehr ohne Weiteres erkennbar. Manche Kunstwerke konnten nun auf verschiedenste Weise interpretiert werden.

Ich sehe eine Person, die Zeitung liest.
Das Bild stellt einen Albtraum dar.
Nein, es ist ein riesiger Frosch.

Die ungegenständliche Kunst wurde mehr und mehr akzeptiert. Dann kam die Frage auf, ob Kunst überhaupt eine Bedeutung haben muss.

Diese Anordnung von Formen ... gefällt mir einfach.
Aber es ist keine Kunst. Es ist nur ein Muster, das keinerlei Bedeutung hat.
Spielt das eine Rolle?

Trotz aller Veränderungen sah man Kunstwerke weiterhin als Objekte, die Künstler erschaffen hatten. Doch diese Vorstellung sollte bald auf den Kopf gestellt werden.

GRENZEN ÜBERSCHREITEN

Im Jahr 1917 sorgte der Künstler Marcel Duchamp in der Kunstwelt für Aufregung, als er ein umgedrehtes Urinal für eine Ausstellung in New York einreichte. Das Pinkelbecken hieß „Fountain" und war mit „R. Mutt, 1917" signiert.

Die Galerie lehnte „Fountain" ab, da das Werk nicht als echte Kunst angesehen wurde – zum Beispiel weil der Künstler es nicht *gemacht* hatte. Andere betrachteten es hingegen als Kunst, weil Duchamp ihm eine künstlerische *Bedeutung* verliehen hatte.

Hand hoch, wer glaubt, dass Duchamps Pinkelbecken *keine* Kunst ist.

Stell dir vor, ich stelle ein Waschbecken in eine Kunstausstellung. Wäre das Kunst?
Ja, wenn du es aus einem bestimmten Grund *ausgewählt* hast. Genau wie Duchamp. Er hat einem Alltagsgegenstand einen Namen gegeben und uns so dazu gebracht, das Objekt mit anderen Augen zu sehen.

Kunstwerke waren nun nicht mehr unbedingt darauf ausgerichtet, zu gefallen. Sie sollten die Betrachter verstärkt zum *Nachdenken* anregen.

In der Folge entbrannte eine weitreichende Debatte darüber, was Kunst ist und was nicht. Und sie entbrennt jedes Mal aufs Neue, wenn ein Werk ausgestellt wird, das die Grenzen des bisherigen Kunstbegriffs überschreitet – wie etwa eine blau angemalte Leinwand. Hältst du das für Kunst?

Immer wieder wenden sich Künstlerinnen und Künstler Themen wie Tod, Verfall oder Horror zu und schaffen Werke, die den Betrachter schockieren. Das dadurch erregte Aufsehen ist manchmal Teil des Kunstwerks.

Tagesspiegel
SCHOCK ÜBER WALBLUT IM MUSEUM
Nachrichtenblut
M. Horst
2020

Walblut

Angenommen ein Künstler stellt in einer Galerie einen Eimer mit Tierblut aus. Ist das Kunst? Kunst, so heißt es oft, kann alles sein – alles, was ein Künstler als Kunst bezeichnet. Es muss sich noch nicht einmal um eine „Sache“ handeln, sondern kann auch eine **Performance** sein, eine künstlerische Darbietung, die oft nur wenige Sekunden dauert.

aaAAaAAA
aaarGGh
Was war das?
Ich weiß nicht. Das war eine Performance.

Wenn es um „neue“ Kunst geht, sollten wir daran denken, dass viele beliebte Künstlerinnen und Künstler heftig kritisiert wurden, als sie ihre Werke erstmals zeigten. Und dass sich die Definition von Kunst (was immer Kunst auch sein mag) vielleicht schon wieder geändert hat, wenn du dieses Buch aus der Hand legst.

WENN GOTT GUT IST, WARUM GIBT ES DANN BÖSES AUF DER WELT?

GIBT ES EINEN BEWEIS DAFÜR, DASS GOTT EXISTIERT?

BRAUCHEN WIR GOTT, UM ZU ERKLÄREN, WARUM ES UNSERE WELT GIBT UND WARUM SIE SO IST, WIE SIE IST?

GOTT

Viele Religionen gründen auf der Vorstellung, dass es einen Gott (oder mehrere Götter) gibt. Philosophische Debatten über Gott konzentrieren sich häufig auf zwei grundlegende, sehr GROSSE Fragen: Können wir beweisen, dass es Gott gibt? Und umgekehrt: Können wir beweisen, dass es Gott *nicht* gibt? Die Antwort auf beide Fragen hängt ein Stück weit davon ab, welche Vorstellung man von Gott hat.

Gott wird oft als eine einzelne, höhere Instanz betrachtet. Aber natürlich gibt es noch *viele andere* Sichtweisen. Vielleicht glaubst du auch überhaupt nicht an Gott. Es ist trotzdem lohnenswert – und es macht Spaß –, die philosophischen Fühler auszustrecken und die verschiedenen Argumente genauer anzuschauen.

DIE VORSTELLUNG VON GOTT

Theisten – das sind Menschen, die an Gott glauben – definieren Gott oftmals als **perfektes Wesen**. Aber was bedeutet das? Ergibt die Vorstellung von einem vollkommenen *Wesen* überhaupt Sinn?

„Perfekte Dinge" – Checkliste
Perfektes Quadrat: 2-D-Figur mit vier gleich langen, geraden Seiten und vier rechten Winkeln
Perfektes Buch: ähm ... hm, nicht zu lang, nicht zu kurz?
Perfektes Wesen: sehr, ähm, hm, irgendwie ...??!!

Theisten haben tatsächlich Eigenschaften zusammengestellt, über die ein perfektes Wesen ihrer Meinung nach verfügen sollte. So sollte Gott zum Beispiel sein:

ALLWISSEND
Gott weiß alles.

ALLMÄCHTIG
Gott kann alles.

900KG
RIP

BEDINGUNGS-LOS GUT

UNSTERBLICH
Gott wird niemals aufhören, zu existieren.

AUSSER-ZEITLICH
Gott existiert außerhalb der Zeit und ist nicht an Zeit gebunden.

UNVERÄNDERLICH

Vielleicht fragst du dich, ob diese Eigenschaften Gott *wirklich* zu einem perfekten Wesen machen. Es gibt jedoch noch weitere offene Fragen: Was hat es mit diesen Eigenschaften auf sich? Sind sie miteinander vereinbar? Ergeben sie überhaupt einen *Sinn*? Schauen wir uns zunächst einmal die *Allmacht* genauer an.

ALLMACHT

Denk dir ein Wesen namens Bob. Bob ist nicht Gott, aber Bob ist allmächtig. Bob kann Dinge erschaffen, Dinge verändern, Dinge bewegen ... Bob kann einfach alles!

Bob

ZU ERLEDIGEN:
1. Berg begradigen
2. Zum Mars fliegen
3. Krankheiten ausmerzen
4. Klimaerwärmung aufhalten

Bob kann *scheinbar* alles.
Aber kann er auch ... einen Stein erschaffen, der so schwer ist, dass er ihn selbst nicht hochheben kann?

Wenn Bob in der Lage ist, einen Stein zu erschaffen, den er nicht hochheben kann, dann gibt es etwas, dass er *nicht* kann – nämlich den Stein hochheben.

Wenn er den Stein *nicht* erschaffen kann, nun ja, dann ist das auch etwas, das er nicht kann.

Egal, wie man es betrachtet, es sieht so aus, als könne Bob nicht *wirklich* allmächtig sein. Das bezeichnet man als **Allmachtsparadoxon**.

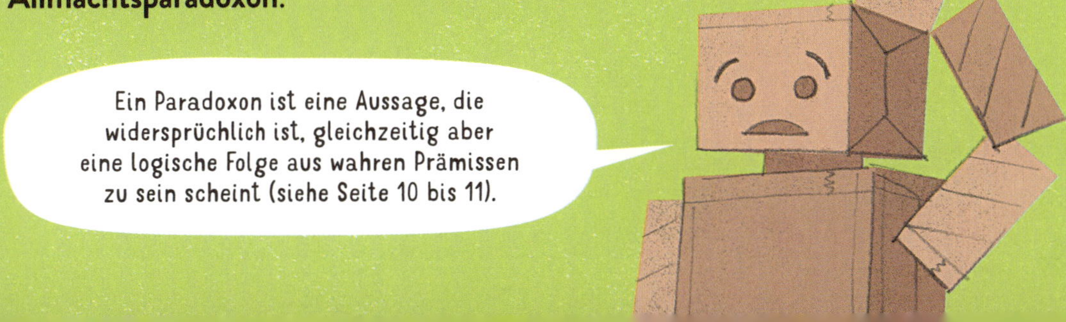
Ein Paradoxon ist eine Aussage, die widersprüchlich ist, gleichzeitig aber eine logische Folge aus wahren Prämissen zu sein scheint (siehe Seite 10 bis 11).

EIN PARADOXON UMGEHEN

An diesem Punkt könntest du sagen, dass man eben nicht einmal von einem allmächtigen Wesen erwarten kann, wirklich *alles* zu können. Schauen wir uns Bobs Freund an: Bob Ohnekörper. Er kann ebenfalls so ziemlich alles. Da er aber keinen Körper besitzt, kann er sich weder die Nase putzen noch ein Glas Wasser trinken und auch sonst nichts, wozu ein Körper notwendig ist ...
... aber kann Bob Ohnekörper trotzdem allmächtig sein?

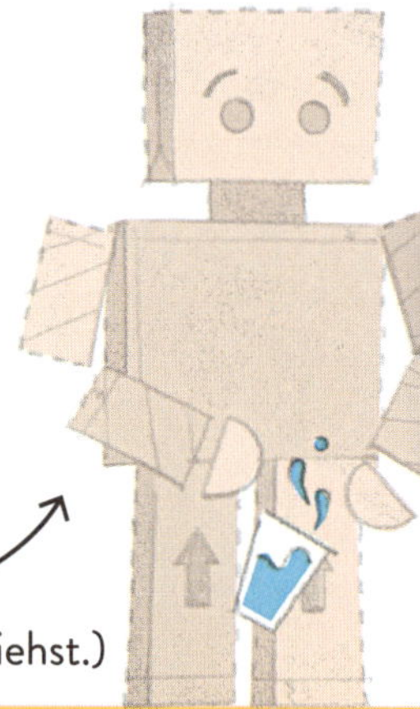

Bob Ohnekörper
(Du musst dir vorstellen, dass du seinen Körper nicht siehst.)

Nein. Schließlich *muss* man eine Nase *haben*, um sie sich putzen zu können! Dass jemand ohne Nase sich die Nase putzen kann, *ergibt keinen Sinn*. Das widerspricht sich.
Wenn es keinen Sinn ergibt, dann ist es nicht nur körperlich *unmöglich*, sich die Nase zu putzen, sondern auch **logisch unmöglich**.
Und man kann nicht erwarten, dass *irgendjemand* - ob allmächtig oder nicht - etwas tun kann, das logisch unmöglich ist, oder?
Nein, ich denke nicht. Du bist also der Ansicht, dass ein allmächtiges Wesen, das einen Stein hochhebt, der zu schwer zum Hochheben ist, einfach keinen Sinn ergibt? Und dass Bob Ohnekörper, der sich die Nase putzt, ebenfalls keinen Sinn ergibt?
Trotzdem kann ich mir vorstellen, etwas zu erschaffen, das ich nicht hochheben kann. Also ist das *nicht* unmöglich. Und wenn *ich* so etwas erschaffen könnte, dann könnte das erst recht ein allmächtiges Wesen!

Vielleicht kannst *du* ja etwas erschaffen, das *du* nicht hochheben kannst. Das heißt aber nicht, dass *Bob* es auch kann!
Gut. Aber wenn Bob *keinen* Stein erschaffen kann, den er nicht hochheben kann, dann ist das immer noch etwas, das er nicht kann. Wir stehen also wieder ganz am Anfang.

Hier kommt Bob Absolut-Unmöglich

Bob Absolut-Unmöglich
ZU ERLEDIGEN:
1. Alles auf Bobs Liste
2. Quadratischen Kreis erfinden
3. Zwei plus zwei soll fünf sein
4. Stein erschaffen, den ich nicht hochheben kann (kein Problem!)

Er kann absolut *alles* – selbst das Unmögliche.

Ich weiß nicht, ob es zu den Grundsätzen meines Glaubens passt, dass Gott Dinge tun kann, die einfach keinen Sinn ergeben.

Nehmen wir an, wir können einer Meinung sein, was die Allmacht Gottes bedeutet. Das hilft uns aber nicht bei diesem Problem: Wie lässt sich Gottes Allmacht mit seinen anderen Eigenschaften vereinbaren? Eines der bekanntesten Beispiele hierfür ist die **Frage nach dem Übel**. Auf der nächsten Seite erfährst du mehr darüber.

DIE FRAGE NACH DEM ÜBEL

Gott gilt als bedingungslos freundlich und gut. Daraus könnte man schließen, dass Gott niemals etwas Böses tun oder zulassen würde. Die Menschen tun jedoch ständig Böses. Wenn Gott existiert und wenn Gott gut ist, wie kann er das zulassen? Das ist die **Frage nach dem Übel**.

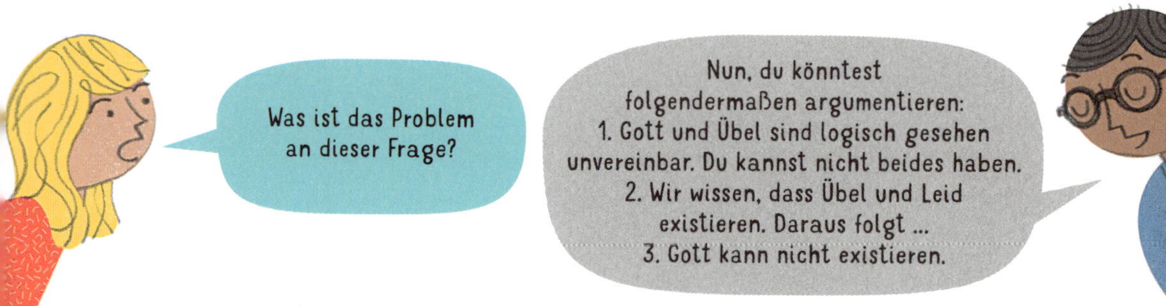
Was ist das Problem an dieser Frage?
Nun, du könntest folgendermaßen argumentieren: 1. Gott und Übel sind logisch gesehen unvereinbar. Du kannst nicht beides haben. 2. Wir wissen, dass Übel und Leid existieren. Daraus folgt ... 3. Gott kann nicht existieren.

Die Frage nach dem Übel ist allerdings nur dann ein Problem, wenn du glaubst, dass Gott allwissend, allmächtig und bedingungslos gut ist.

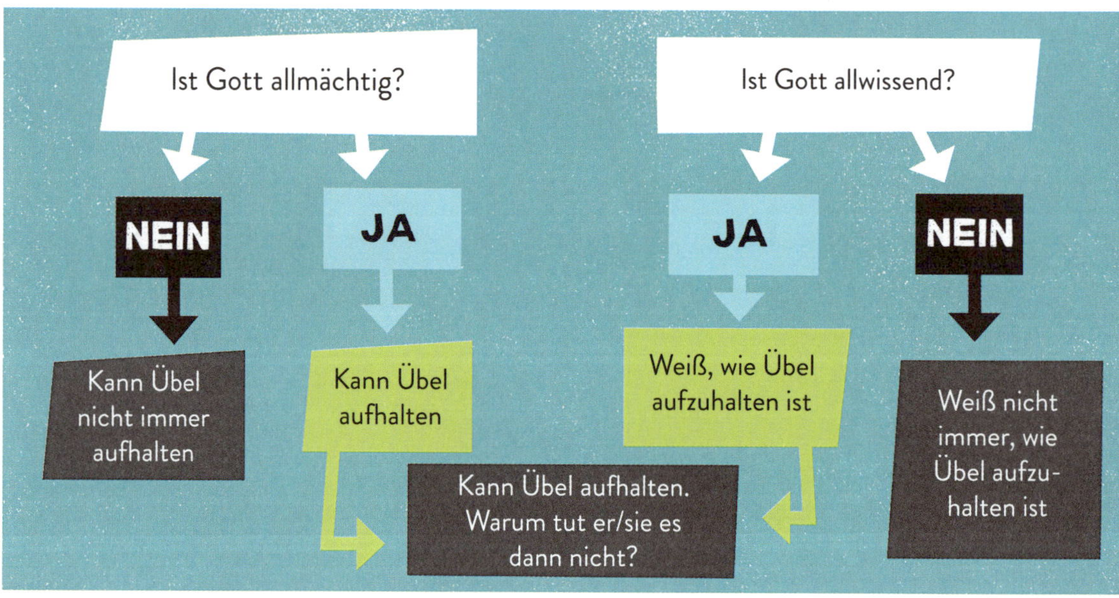
Ist Gott allmächtig?
NEIN
Kann Übel nicht immer aufhalten
JA
Kann Übel aufhalten
Ist Gott allwissend?
JA
Weiß, wie Übel aufzuhalten ist
NEIN
Weiß nicht immer, wie Übel aufzuhalten ist
Kann Übel aufhalten. Warum tut er/sie es dann nicht?

Vielleicht ist es *nicht immer unvereinbar*, gut zu sein und schlechte Dinge geschehen zu lassen?

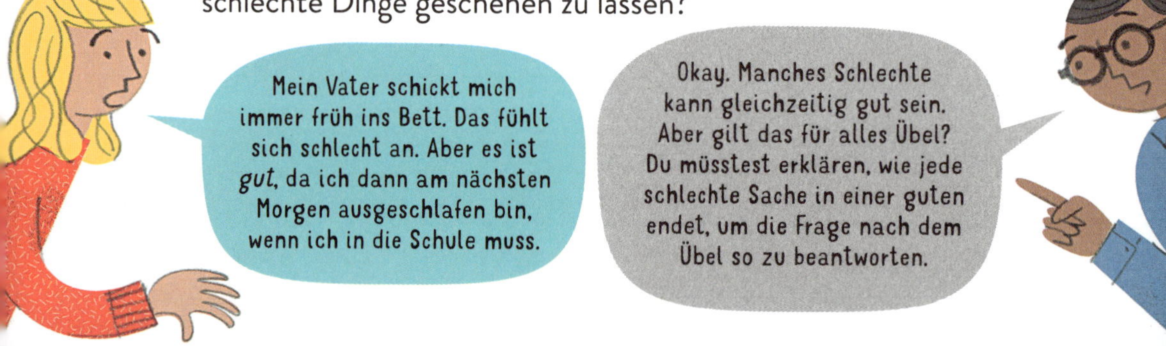
Mein Vater schickt mich immer früh ins Bett. Das fühlt sich schlecht an. Aber es ist *gut*, da ich dann am nächsten Morgen ausgeschlafen bin, wenn ich in die Schule muss.
Okay. Manches Schlechte kann gleichzeitig gut sein. Aber gilt das für alles Übel? Du müsstest erklären, wie jede schlechte Sache in einer guten endet, um die Frage nach dem Übel so zu beantworten.

Einige religiöse Menschen meinen tatsächlich, dass schlechte Dinge geschehen, weil Gott – im Gegensatz zu uns – weiß, dass am Ende Gutes dabei herauskommt. Wenn dich das nicht überzeugt, gibt es eine andere Argumentationsweise, bei der nicht jeder einzelne Fall von Übel gerechtfertigt werden muss.

DER FREIE WILLE

In vielen Religionen ist die Vorstellung vom **freien Willen** von entscheidender Bedeutung. Sie besagt, dass die Menschen selbst entscheiden, was sie mit ihrem Leben anfangen. Manchen Philosophen zufolge ist der freie Wille an sich etwas Gutes. Nach dieser Auffassung will Gott, dass die Menschen über diese Eigenschaft verfügen. Wenn die Menschen aber einen freien Willen haben, dann sind sie auch in der Lage, schlechte Dinge zu tun.

Solange wir einen freien Willen haben, kann es also Böses auf der Welt geben. Darum existiert das Übel. Es ist nicht einfach nur ein Fehler.
Genau!
Aber nicht alles Übel entsteht dadurch, dass *die Menschen* etwas Böses tun. Was ist mit dem **„natürlichen Übel“**? Mit dem Leid, das durch Tsunamis oder Feuersbrünste verursacht wird? Wie kann ein guter Gott *solche Dinge* zulassen?
Hmm ... Kann Leiden uns vielleicht zu besseren Menschen machen? Ohne das Übel bräuchten wir keine Nächstenliebe, kein Mitgefühl, keine Vergebung ...
Kann sein. Aber wären wir ohne diese Eigenschaften nicht besser dran, wenn es dadurch kein Leid mehr gäbe?

GRÜNDE FÜR DEN GLAUBEN

Über die Jahrhunderte hinweg haben viele Philosophinnen und Philosophen zu beweisen versucht, dass es gute und logisch nachvollziehbare Gründe oder Argumente dafür gibt, an Gott zu glauben, zum Beispiel das folgende.

DAS „INTELLIGENTE DESIGN“

Die Welt ist wunderschön und voller Lebewesen, die sich optimal an ihre Lebensräume anpassen. Wäre es nicht *unglaublich*, wenn all das aus reinem Zufall entstanden wäre? Eine bessere Erklärung wäre doch sicher, dass irgendjemand diese Welt bewusst so geschaffen – oder „designt“ – hat. Das könnte allerdings nur ein Wesen sein, das so intelligent und allmächtig ist wie Gott.

Wir brauchen keinen Gott, um das zu erklären! Die Evolutionstheorie sagt uns doch, wie die Lebewesen sich perfekt angepasst haben. Das ist Teil der Natur.
Okay. Aber wie erklären wir die Natur an sich? Warum ist das Universum so, wie es ist? Es hätte doch sicherlich auch alles anders kommen können.

Diese Denkweise hat den Weg frei gemacht für das …

ARGUMENT DER FEINABSTIMMUNG

1. Wenn die Gesetze der Natur auch nur geringfügig anders gewesen wären, hätte es unsere Wirklichkeit niemals gegeben.

2. Die Wahrscheinlichkeit, dass die Dinge so geworden sind, wie sie sind, ist sehr, sehr, *sehr* gering. Anders gesagt ist es erstaunlich, dass unsere Wirklichkeit überhaupt existiert.

3. Es scheint unglaublich, dass etwas mit einer so geringen Wahrscheinlichkeit nur durch Zufall entstanden ist.

4. Es scheint wahrscheinlicher, dass das Universum mit Absicht und mit einem bestimmten Ziel erschaffen wurde – und zwar von Gott.

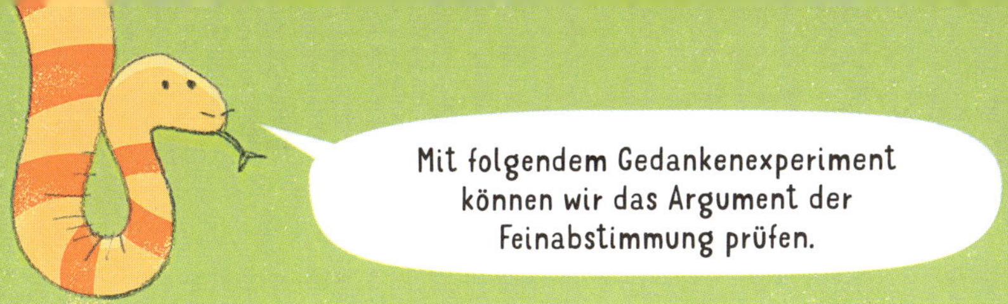
Mit folgendem Gedankenexperiment können wir das Argument der Feinabstimmung prüfen.

Nehmen wir an, dass Tom im Lotto gewonnen hat. Seine Chancen auf einen Hauptgewinn lagen bei 1 : 139 838 160.
LOTTO-GEWINNER
Alle denken, dass Tom großes Glück hatte.
In der folgenden Woche sind die Chancen auf einen Hauptgewinn ebenso gering, aber Tom gewinnt wieder.
Manche Leute denken, dass er wirklich sehr großes Glück hatte. Andere fragen sich, ob hier alles mit rechten Dingen zugeht.
In der dritten Woche passiert es wieder ...
Niemand kann so viel Glück haben!
Jemand muss die Lottoziehung manipuliert haben!
LOTTO-GEWINNER

Wenn etwas sehr Unwahrscheinliches passiert, glauben wir ungern an einen reinen Zufall. Wir neigen dazu, nach einer anderen Erklärung oder Begründung zu suchen.

Aber nur weil wir dazu *neigen*, nach einem Grund zu suchen, muss es nicht unbedingt einen Grund *geben*. Ich denke, deine Geschichte sagt mehr darüber aus, woran Menschen interessiert sind als über die Ursprünge des Universums.
Selbst wenn das Argument der Feinabstimmung beweisen könnte, dass es einen Schöpfer gibt, beweist es *nicht*, dass der Schöpfer *Gott* ist, wie wir ihn oder sie uns vorstellen.

Damit ist die Debatte natürlich noch nicht beendet. Wenn das Argument des intelligenten Designs dich nicht überzeugt hat, dann blättre um und lerne weitere Argumente für den Gottesbeweis kennen.

ONTOLOGISCHER GOTTESBEWEIS

Vor beinah tausend Jahren formulierte der Philosoph und Mönch Anselm von Canterbury den **ontologischen Gottesbeweis**. Er behauptete, dass die Gläubigen allein aus der bloßen *Vorstellung* oder dem Gedanken an Gott auf dessen Existenz schlussfolgern *müssen*. Seine Beweisführung klingt etwas verschnörkelt und ist nicht leicht zu verstehen.

1. *Gott ist das Größte, was wir uns vorstellen können.*
2. *Dinge können nur in unserer Vorstellung existieren oder in unserer Vorstellung und in der Wirklichkeit.*
3. *Dinge, die in der Vorstellung und in der Wirklichkeit existieren, sind größer als Dinge, die nur in der Vorstellung existieren.*
4. *Nehmen wir an, Gott existiert nur in der Vorstellung.*
5. *Dieser Gott kann nicht das denkbar Größte sein.*
6. *Daher muss Gott sowohl in der Wirklichkeit als auch in der Vorstellung der Menschen existieren. Gott muss existieren!*

Abgesehen davon, dass diese Argumentation schwer verständlich ist, ist sie mit ziemlicher Sicherheit falsch. Aber was genau *ist* falsch? Hier sind einige Vorschläge:

Müssen wir Gott als das denkbar Größte definieren?

Inwiefern ist die *Existenz in der Wirklichkeit* größer als die *Existenz in der Vorstellung*? Ergibt das überhaupt einen Sinn?

Wenn wir das Wort „Gott" durch das Wort „Vanilleeis" ersetzen, dann könnten wir auch beweisen, dass das größtmögliche Vanilleeis existieren muss, oder?

Definiert dieses Argument nicht einfach nur einen *existierenden* Gott?

Hier sind noch ein paar andere Argumente für die Existenz Gottes.

RELIGIÖSE ERFAHRUNGEN

Viele Menschen glauben daran, religiöse Erfahrungen gemacht zu haben – Erfahrungen, die *scheinbar* von Gott verursacht wurden. Sie können als Beweis für die Existenz Gottes angesehen werden.

KOSMOLOGISCHER GOTTESBEWEIS

Alles muss eine Ursache haben. Eine unendliche Kette von Ursachen ist jedoch unmöglich. Die Ursachen müssen irgendwo und mit irgendetwas ein Ende haben, das keine Ursache *erfordert*. Dafür kommt nur Gott infrage.

Ein weiteres Argument stammt von dem französischen Denker Blaise Pascal, der im 17. Jahrhundert lebte. Er wollte die Menschen davon überzeugen, dass es am vernünftigsten sei, an Gott zu glauben, auch wenn es – seiner Meinung nach – unmöglich sei, die Existenz Gottes zu beweisen.

Seine Argumentation ist als Pascalsche Wette bekannt: Wenn Gott tatsächlich existiert, wird er alle Menschen, die nicht an ihn geglaubt haben, nach ihrem Tod bestrafen. Wer hingegen an Gott geglaubt und Gutes getan hat, wird belohnt werden. Vor diesem Hintergrund forderte Pascal alle Menschen auf, die Folgen von Glauben und Nichtglauben gegeneinander abzuwägen.

Pascalsche Wette	GOTT EXISTIERT	GOTT EXISTIERT NICHT
GLAUBE AN GOTT	Nach dem Tod: ewige Glückseligkeit	Nach dem Tod: nichts
KEIN GLAUBE AN GOTT	Nach dem Tod: ewiges Leiden	Nach dem Tod: nichts

Pascals Auffassung nach würde eine vernünftige Person immer darauf wetten, dass Gott existiert und sich darum bemühen, es zu glauben. Sollte Gott existieren, wäre man auf der sicheren Seite. Sollte er nicht existieren, würde man nichts verlieren.

WIE KANN MAN ALLE MENSCHEN GLEICH BEHANDELN?

WARUM SOLLTE ICH AUF DIE REGIERUNG HÖREN?

IST DIE GANZE IDEE VON „PRIVATEIGENTUM“ GERECHT?

POLITIK

In der Politik geht es darum, wie Menschen in verschiedenen Gruppen Entscheidungen treffen und zusammenarbeiten können. Dabei kann es sich um eine Regierung handeln, die ein Land führt, um Menschen, die gemeinsam in einer Gesellschaft leben, oder um Freunde, die eine Veranstaltung planen. Das alles ist Politik.

Die politische Philosophie beschäftigt sich mit der Frage, wie Gruppen auf friedliche und gerechte Weise miteinander auskommen können, und sie untersucht verschiedene Auffassungen zum Aufbau einer Gesellschaft. Es geht jedoch nicht nur darum, diese Ideen zu analysieren. Politische Philosophinnen und Philosophen können auch Einfluss auf Regierungen und deren Maßnahmen nehmen.

BRAUCHEN WIR BESITZ?

Wenn wir über etwas sprechen, das uns gehört – zum Beispiel ein Buch, ein Fahrrad oder ein Haus –, dann bezeichnen wir damit in der Regel unser **Privateigentum**. Das sind die Dinge, die eine bestimmte Person oder Gruppe nutzt. Dieses Eigentum ist „privat", weil andere Personen es nicht ohne die Erlaubnis des Eigentümers nutzen dürfen.

Dieses Ackerland gehört meiner Familie. Du darfst es nur mit unserer Erlaubnis nutzen!
Unsere Familie hat ein Recht auf dieses Land! Wenn nötig, werden wir dafür kämpfen!

Privateigentum – oder die Frage, was wem gehört – führt oft zu Meinungsverschiedenheiten. Deshalb stellen Philosophen die grundlegende Frage, ob Eigentum für eine Gesellschaft überhaupt gut ist.

Das folgende Argument spricht *für* Privateigentum. Stell dir dazu einige Fischer vor, die an derselben Stelle ihre Netze auswerfen.

Mit einem großen Netz kann ich sehr viele Fische fangen!
Wir wollen auch viele Fische fangen, also werden wir künftig auch große Netze nutzen!

Zunächst fangen alle Fischer massenweise Fisch und verdienen dadurch gutes Geld. Nach kurzer Zeit gibt es jedoch keine Fische mehr. Das ist übrigens *kein* reines Gedankenexperiment, sondern passiert tatsächlich in vielen Gewässern der Welt.

Befürworter von Privateigentum behaupten, dass das Gewässer leergefischt wurde, weil das Fanggebiet nicht in privatem Besitz war. Niemand fühlte sich dafür verantwortlich. Hätte jeder Fischer (oder jede Gruppe von Fischern) einen eigenen privaten Bereich für den Fischfang gehabt, dann hätten sie verantwortungsvoller gefischt und genügend Fische übrig gelassen. Stimmt das?

ERSTER EINWAND

Behauptet wird: Die Gewässer wurden überfischt, weil sie allen gehören. Es gibt aber auch Beispiele für gemeinschaftliches Eigentum, das verantwortungsvoll genutzt wird. Ein Beispiel dafür ist ein Schweizer Bergdorf, das seine Weiden seit über 500 Jahren gemeinschaftlich nutzt, ohne sie zu zerstören.

ZWEITER EINWAND

Außerdem könnte man einwenden, dass Privateigentum nicht für *alle* Beteiligten eine gute Sache ist. Denk einmal über das folgende Gegenargument nach.

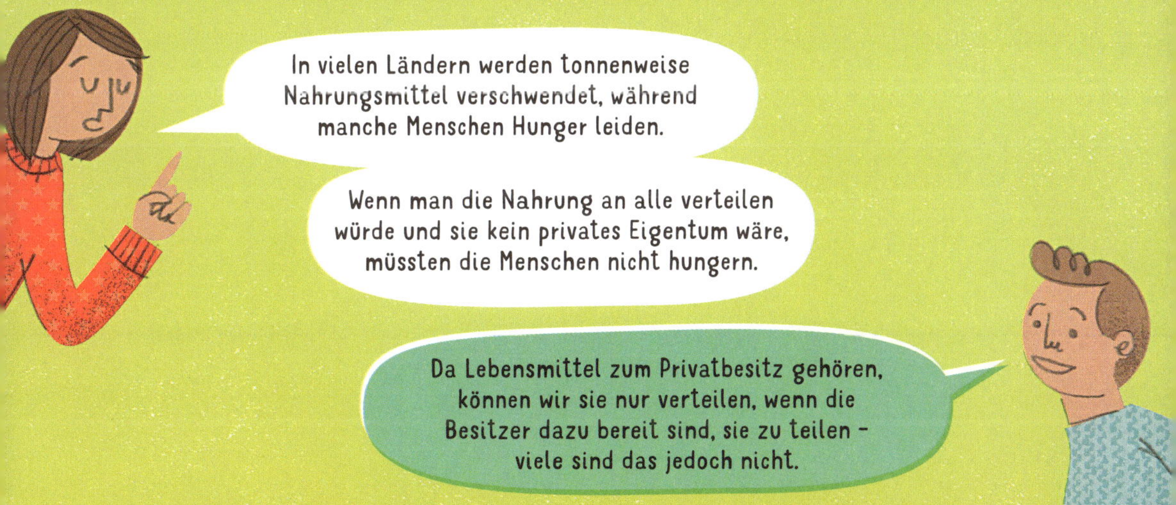
In vielen Ländern werden tonnenweise Nahrungsmittel verschwendet, während manche Menschen Hunger leiden.
Wenn man die Nahrung an alle verteilen würde und sie kein privates Eigentum wäre, müssten die Menschen nicht hungern.
Da Lebensmittel zum Privatbesitz gehören, können wir sie nur verteilen, wenn die Besitzer dazu bereit sind, sie zu teilen – viele sind das jedoch nicht.

Dieses Argument beweist nicht, dass Privateigentum immer *schlecht* ist. Es zeigt nur, dass wir es vielleicht nicht *brauchen*. Manche Regierungen haben auch schon Gesellschaftssysteme aufgebaut, in denen Nahrung, Wohnraum und andere Besitztümer vom Staat verteilt werden. Hier lässt dann aber die Frage, wie die Güter *gerecht* verteilt werden, ganz neue Probleme entstehen.

WAS IST GLEICHHEIT?

Alle Menschen *sollten* gleichbehandelt werden – darüber herrscht größtenteils Einigkeit. Doch was bedeutet das eigentlich? Viele von uns sind mit den herrschenden Ungerechtigkeiten unzufrieden – wie eine gleichberechtigte Gesellschaft aussehen könnte, wissen wir jedoch oft nicht.

STRENGE GLEICHBEHANDLUNG

Die naheliegendste Vorstellung von Gleichheit ist, dass alle Menschen *exakt* gleichbehandelt werden müssen und allen dieselben Dinge zur Verfügung stehen.

BRILLEN FÜR ALLE
Ich brauche eine Brille, meine Tochter braucht keine. Ist das nicht sinnlos?
Genau! Wir haben alle dieselbe Brille bekommen, aber wenn ich meine trage, werden meine Augen schlechter!

Jeder Mensch ist anders und hat eigene Bedürfnisse. Eine Einheitslösung für alle ist deshalb nicht sinnvoll. Die Mitglieder einer Gesellschaft können aber *gleichberechtigt* behandelt werden, ohne absolut *gleichbehandelt* zu werden. Nehmen wir einmal an, alle sollen einen Film gleichermaßen genießen können, dann ...

... könnten wir Menschen mit schlechteren Augen eine Brille geben ...
... und Menschen mit schlechterem Gehör ein Hörgerät.
Aber wir müssen nicht für alle etwas ändern.

Das ist eine sinnvolle Lösung fürs Filmeschauen. Schließlich wollen wir, dass alle die gleiche Freude daran haben. Wie lässt sich das jedoch auf eine ganze Gesellschaft übertragen? Welche Art der Gleichheit wollen wir?

INDIVIDUELLE BEDÜRFNISSE ERFÜLLEN

Hier ist ein Vorschlag dazu: Die Bedürfnisse jedes Einzelnen müssen gleichermaßen erfüllt werden. Das bedeutet, dass die Bedürfnisse aller Menschen als gleichermaßen erfüllenswert betrachtet werden, und nicht, dass alle das Gleiche bekommen. Fehlt jemandem der Zugang zu folgenden Dingen, dann soll ihm dieser gewährt werden.

Wohnraum
Medizinische Versorgung
Wasser
Kleidung
Wer nicht genug Nahrung hat, sollte mit Lebensmitteln versorgt werden. Wer obdachlos ist, sollte eine Wohnung bekommen.
Nahrung
Wer bereits alles hat, was er braucht, der bekommt nichts dazu.
Bildung
Toiletten
Was ist mit Freunden und Familie? Das sind keine Grundbedürfnisse. Du *kannst* auch ohne sie auskommen.
Freunde
Internet
Wirklich? Ich denke, wir brauchen Freunde und Familie. Ich weiß aber nicht, wie wir dafür sorgen können, dass jeder eine Familie und Freunde hat.
Arbeit
Familie
Aber sind *Bedürfnisse* nicht nur etwas, was wir zum Überleben *brauchen*? Wir können doch nicht einfach alles Mögliche zu dieser Liste hinzufügen.

Viele Menschen glauben, dass Ungleichheiten akzeptabel sind, solange niemand ums Überleben kämpfen muss. Jemand darf also zum Beispiel mehr Geld haben als andere. Reicht es aber tatsächlich aus, nur die *grundlegenden* Bedürfnisse zu befriedigen? Blättere um und finde mehr dazu heraus.

GLEICHHEIT DES WOHLBEFINDENS

Alle Menschen gleichermaßen glücklich zu machen, ist einigen Philosophen zufolge am wichtigsten. Das bedeutet in der Regel, Grundbedürfnisse zu stillen und dann weitere Dinge hinzuzufügen. Natürlich bedeuten Glück und Zufriedenheit für jeden etwas anderes, sodass nicht jeder die gleiche Unterstützung benötigt. Das Ziel ist jedoch, dass am Ende alle Menschen gleichermaßen zufrieden sind.

Hört sich das vernünftig an? Na ja, überlegen wir noch einmal ...

Teure Jachten machen mich glücklich.
Ja, aber das können wir uns nicht leisten ... Brauchst du wirklich eine Jacht, um glücklich zu sein?
DER JACHTFREUND
Habe ich es nicht *verdient*, glücklich zu sein? Verdiene ich es nicht, dass meine Bedürfnisse erfüllt werden?
Ich finde, eine Jacht ist eine *unangemessene* Forderung.
Woher wissen wir überhaupt, ob Menschen gleich glücklich sind? Wir können ja keine Gedanken lesen ...
Ich streichle meine Katze gerne ausgiebig.
Ich darf mir meine Langeweile nicht anmerken lassen.
Manche Menschen glauben, dass Glück und Zufriedenheit einzig und allein vom Wohlstand abhängen.
Ich habe die Jacht zwar bekommen, aber jetzt muss ich auch damit *reisen*. Umpf. Außerdem bin ich neidisch, weil Karin eine teurere Jacht bekommen hat.
Vielleicht ist es schlicht unmöglich, alle Menschen zufriedenzustellen. Überlegen wir mal weiter ...

GLEICHHEIT DER CHANCEN

Wie wäre es, wenn alle Menschen dieselben Chancen im Leben hätten? Manche haben – aus Gründen, die sie nicht beeinflussen können – nur begrenzten Zugang zu Möglichkeiten und Ressourcen, etwa weil sie in einem armen Land geboren wurden. Das Ziel ist es, solche Hürden zu beseitigen und allen Menschen gerechte Chancen einzuräumen, wie bei folgendem Beispiel zum Thema Bildung.

ZUGÄNGLICHKEIT

Schulen müssen für Lernende mit Behinderungen leicht zugänglich sein.

GUTER STANDORT

Schulen müssen für alle einfach zu erreichen sein.

KOSTENLOSES SCHULESSEN

Niemand darf beim Lernen eingeschränkt sein, weil er Hunger leidet.

BESONDERE BEDÜRFNISSE

An Schulen muss es geschultes Lehrpersonal für Lernende mit besonderen Bedürfnissen geben.

KEINE GEBÜHREN

Alle müssen die Möglichkeit zum Lernen haben, egal ob reich oder arm.

Wenn all das sichergestellt ist und es trotzdem noch Ungleichheiten gibt – zum Beispiel bessere oder schlechtere Noten –, dann kann das nur noch an der einzelnen Person selbst liegen und am ... Glück. Oder nicht? Stell dir Folgendes vor: Cai ist zweisprachig aufgewachsen. Zu Hause spricht sie Englisch und Chinesisch.

Cai hat vielen Menschen gegenüber einen Vorteil. Eine Regierung darf Eltern jedoch nicht verbieten, mit ihren Kindern in ihrer eigenen Sprache zu sprechen.

Mir stehen damit Chancen offen, zu denen Menschen, die nur eine Sprache sprechen, keinen Zugang haben.

Es ist nicht einfach, für eine gerechte Verteilung zu sorgen. Über eines herrscht aber größtenteils Einigkeit: Selbst wenn wir nicht genau wissen, wie Gleichberechtigung aussieht, dürfen wir nicht akzeptieren, dass manche Menschen leiden und um ihr Überleben kämpfen, wenn wir etwas dagegen tun KÖNNEN.

FREIHEITEN EINSCHRÄNKEN

In den meisten Gesellschaften gibt es Dinge, die niemand tun darf. Viele Philosophen vertreten die Position, dass man die Freiheiten von Menschen einschränken darf, sofern es zu ihrem eigenen Besten ist. Man spricht hier von **Paternalismus**.

In einem Auto musst du dich anschnallen.
Bei Rot darfst du nicht über die Ampel fahren.

Manche dieser Gesetze sind so vernünftig, dass du sie wahrscheinlich ohne Einwände akzeptierst. Anders sieht es bei Gesetzen aus, die deine Wahlmöglichkeiten auf andere Art beschränken. Die meisten von uns wollen *frei entscheiden*, wie sie ihr Leben leben – selbst wenn es nicht gut für sie ist. Dazu ein Beispiel:

Ich möchte bitte einen Super-Doppel-Cheeseburger mit Pommes, Chicken-Nuggets und Softeis.
MAC BO'S
Das bekommen Sie nicht, weil es ungesund ist. Der Nächste, bitte!

Menschen etwas Gutes zu tun, wenn diese das nicht wollen, ist einfach nicht möglich – so argumentieren einige Philosophinnen und Philosophen. Es gibt jedoch Situationen, in denen Paternalismus trotzdem hilfreich ist.

Mein Laptop ist noch im Haus!
Sie können nicht hinein. Das ist zu gefährlich!

Bei strengen Regeln, zum Beispiel im Fall von Verkehrsampeln, spricht man von **hartem Paternalismus**. Bei **weichem Paternalismus** dürfen Freiheiten nur dann eingeschränkt werden, wenn die betroffene Person *nicht weiß*, was sie tut.

Wissen Sie, dass die Speisen, die Sie bestellt haben, schlecht für Ihre Gesundheit sind?
Ja, aber ich will sie trotzdem.
Gut, Sie wissen, was Sie tun.
Ein ungesundes Mittagessen, kommt sofort!
MAC BO'S

Weicher Paternalismus überlässt Erwachsenen ihre Freiheiten und schützt sie, wenn sie nicht wissen, was sie tun. Aber gibt es vielleicht etwas, das wichtiger als die Freiheiten einzelner Personen ist?

Endlich kann ich mein ungesundes Mittagessen genießen.
NICHT SO HASTIG!
Denk doch auch mal an andere Menschen! Wenn du krank wirst, haben Ärzte wie ich zusätzliche Arbeit. Das kostet Geld.
Ich finde, wir dürfen die persönlichen Freiheiten einschränken, wenn es dem Wohl aller dient. Deine Gesundheit hat Einfluss auf alles – von deiner Familie bis hin zu deinen Ärzten. Daher konfisziere ich dieses Essen.

Die meisten Menschen sind mit einem *gewissen Grad* an Paternalismus einverstanden. Manche fürchten aber, dass Gesellschaften zu mächtig und sogar gefährlich werden können, wenn die Freiheiten der Menschen zu stark eingeschränkt werden. Bestimmte Regeln müssen in jeder Gesellschaft eingehalten werden. Aber wer stellt sie auf?

WER DARF REGELN AUFSTELLEN?

Die meisten Länder werden von Regierungen geführt – von Menschen, deren Beruf es ist, neue Gesetze zu erlassen oder alte abzuschaffen. Regierungen dürfen auch Gewalt anwenden, um ihre Regeln durchzusetzen. Aber warum dürfen sie das tun, andere Gruppen aber nicht? Denke einmal über folgendes Szenario nach.

Wir haben es hier mit einem Gesetzesbrecher zu tun!
Du hast gegen unsere Gesetze verstoßen!
Wir sperren dich dafür in unseren Keller!
Weißt du nicht, dass Grün und Lila nicht zueinander passen? Du musst dich richtig anziehen!
Stop! Ihr seid ja gar nicht von der Polizei. Ihr arbeitet noch nicht einmal für die Regierung. Wer seid ihr?
Wir sind die Mode-Polizei! Wir haben unsere eigenen Gesetze erlassen und werden sie durchsetzen – zu deinem eigenen Wohl!
WAS?!

Kaum jemand würde einer willkürlich zusammengewürfelten Gruppe erlauben, Gesetze zu erlassen und alle dazu zwingen, sie zu befolgen. Genau das tut aber eine Regierung. Wo liegt der Unterschied? In der **Legitimität**: Eine Regierung *darf* Gesetze erlassen und durchsetzen. Aber warum? Was gibt ihr das Recht dazu? Und warum *sollten* wir die Gesetze einhalten und auf die Regierung hören?

WIR HALTEN DIE GESETZE NICHT EIN

Manche Menschen sind der Meinung, dass wir nicht dazu verpflichtet sind, der Regierung zu gehorchen. Die sogenannten **Anarchisten** sehen keinen Unterschied zwischen staatlichen Polizeikräften und willkürlichen Gesetzeshütern.

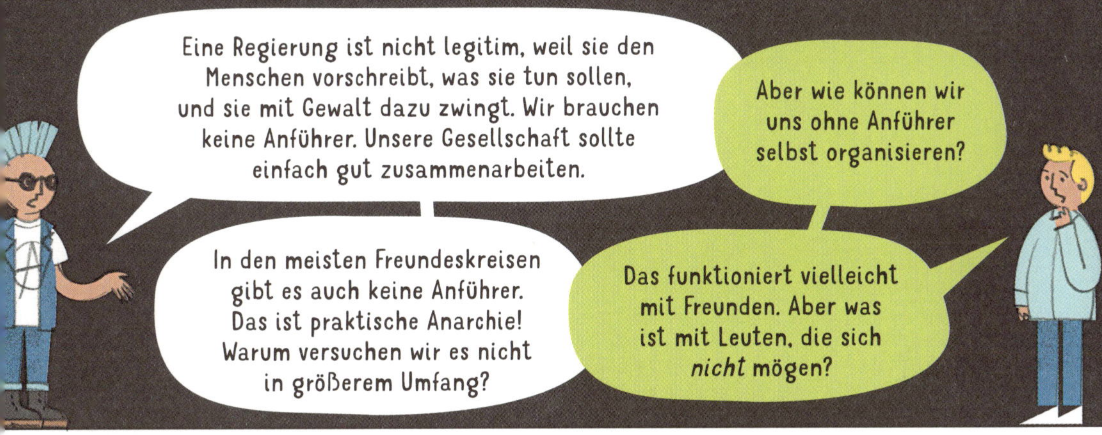
Eine Regierung ist nicht legitim, weil sie den Menschen vorschreibt, was sie tun sollen, und sie mit Gewalt dazu zwingt. Wir brauchen keine Anführer. Unsere Gesellschaft sollte einfach gut zusammenarbeiten.
Aber wie können wir uns ohne Anführer selbst organisieren?
In den meisten Freundeskreisen gibt es auch keine Anführer. Das ist praktische Anarchie! Warum versuchen wir es nicht in größerem Umfang?
Das funktioniert vielleicht mit Freunden. Aber was ist mit Leuten, die sich *nicht* mögen?

WIR HALTEN DIE GESETZE EIN

Manche Philosophen argumentieren, dass eine Regierung legitim ist, weil die Bürger ihre Rechtmäßigkeit anerkennen und freiwillig *zugestimmt* haben, die Gesetze einzuhalten. Zu ihrem eigenen Schutz haben sie der Polizei die Erlaubnis gegeben, die Gesetze durchzusetzen. Das wird als **Gesellschaftsvertrag** bezeichnet.

Gesellschaftsvertrag
Unterschrift:
Warte mal! Ich wurde in diese Gesellschaft hineingeboren. Ich kann mich nicht erinnern, diesem Vertrag zugestimmt zu haben.
Wenn du den Zustand der Gesellschaft akzeptierst und die Polizei für deine Sicherheit sorgen lässt, dann betrachte ich das als Zustimmung.
Aber dann habe ich ja gar keine Wahl! Wenn ich *nicht zustimme*, komme ich am Ende ins Gefängnis.
Na ja, du *würdest* zustimmen, wenn du in der Wildnis oder in einer gesetzlosen Gesellschaft leben würdest.
Es spielt aber keine Rolle, ob ich zustimmen *würde*. Wichtig ist, ob ich jetzt zustimme oder nicht!
Gut, warum kannst du dann nicht einfach *zustimmen*?

Eine genaue Definition von „Zustimmung“ ist schwierig. Dennoch wird klar, warum die meisten von uns die Rechtsstaatlichkeit akzeptieren. Wenn du lieber in einer Gemeinschaft lebst als allein, dann ist es sinnvoll, bestimmten Regeln zuzustimmen.

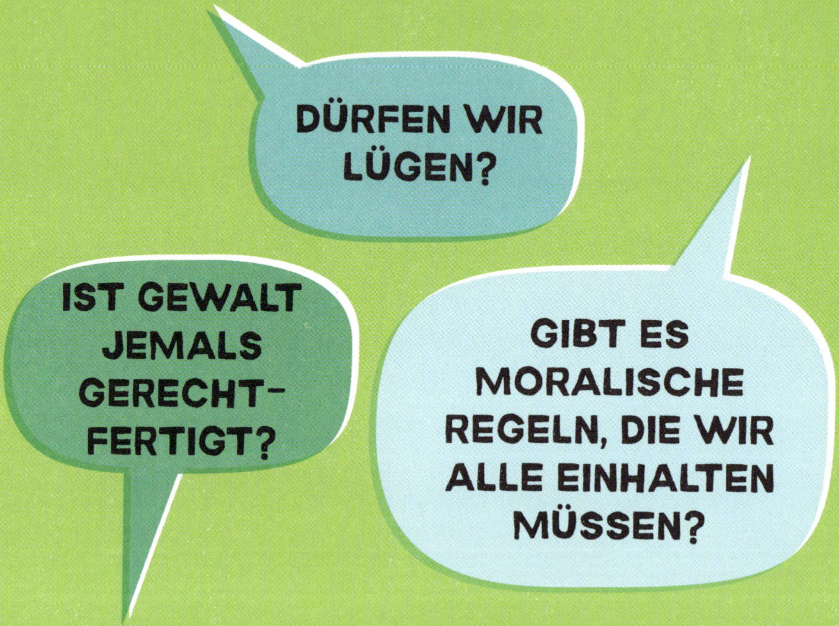
DÜRFEN WIR LÜGEN?
IST GEWALT JEMALS GERECHT-FERTIGT?
GIBT ES MORALISCHE REGELN, DIE WIR ALLE EINHALTEN MÜSSEN?

GUT SEIN

Wie sollen wir unser Leben leben? Wie sollen wir uns gegenüber Freunden, Familienmitgliedern und Fremden verhalten? Oder gegenüber Menschen, die uns Anweisungen geben oder unsere Aufträge ausführen?

In allen Bereichen unseres Lebens gibt es anerkannte Verhaltensweisen, sogenannte **moralische Grundsätze**. Sie geben vor, wie wir uns verhalten und die Menschen um uns herum behandeln sollen. Der philosophische Teilbereich, der diese Grundsätze untersucht und sich damit befasst, wie wir gut und richtig handeln, ist die **Ethik**. In ihrem Zentrum stehen Werte, mit deren Hilfe wir unsere Welt besser und gerechter machen können. Verkörpert werden ethische Werte zum Beispiel durch Rechte und Pflichten.

SIND MORALISCHE GRUNDSÄTZE HILFREICH?

Moralische Grundsätze sind vergleichbar mit Regeln, die uns vorgeben, was wir tun und wie wir uns verhalten sollen. Sie dienen uns als Werkzeuge, um Entscheidungen zu treffen, Verantwortung für unser Handeln zu übernehmen und mit allen Arten von kniffligen Fragen umzugehen.

Hallo Fred, hast du am Samstagnachmittag Zeit, mich zu besuchen?
Ja klar, gerne! Ach nein, warte mal kurz. Ich habe meiner Mutter versprochen, mit ihr zu meiner Oma zu fahren.

Fred hat ein Versprechen gegeben und sich dazu verpflichtet, etwas zu tun. Das ist ein moralischer Grundsatz. Er muss jetzt entscheiden, ob er sein Versprechen hält oder nicht.

Manche Leute denken, dass es moralisch falsch ist, ein Versprechen zu brechen oder jemanden dazu aufzufordern. Für andere hängt das von der jeweiligen Situation ab.

Mama, Max hat mich gefragt, ob ich ihn am Samstag besuchen kann. Geht das?
Ja, das ist okay. Wir können Oma auch am Sonntag besuchen.
Es freut mich, dass er sich mit Max verabredet hat.

In diesem Fall hat Fred gefragt, ob er sein Versprechen brechen kann. Seine Mutter ändert ihre Pläne gern. Ein Grundsatz hilft bei Entscheidungen, gibt aber nicht immer eine klare Antwort darauf, was du tun sollst.

WARUM SOLLTE ICH?

Moralische Grundsätze oder Regeln enthalten oftmals die Ausdrücke „du sollst“ oder „du darfst nicht“. Manchmal ist dieses „Sollen“ oder „Nicht-Dürfen“ eher praktischer als moralischer Natur.

Du sollst deine Schnürsenkel zubinden.
Warum sollte ich?
Wenn du es nicht tust, stolperst du vielleicht und tust dir weh.

In anderen Fällen drückt „du sollst“ eine moralische Regel aus.

Du sollst andere Menschen nicht treten.

Warum nicht?

Weil es falsch ist, anderen Menschen wehzutun.

Das sagen alle, aber *warum* ist es falsch?

Nun, wenn du herumläufst und anderen Leuten wehtust, machen sie vielleicht dasselbe mit dir. Stell dir vor, jeder täte das ...

Der Grund, anderen Menschen nicht wehzutun, ist also, dass ich mich selbst schütze?

Nicht nur. Auch die *Gefühle* anderer Menschen zählen. Die Welt ist ein *besserer Ort für alle*, wenn die Menschen sich nicht gegenseitig wehtun.

Wenn mir andere Menschen also wichtig sind und ich in einer Welt leben möchte, die besser für alle ist, *dann* sollte ich anderen nicht wehtun.

Ja.

Hier beruht der Grund dafür, anderen nicht wehzutun, auf einer Annahme über die Welt. In einer Welt leben zu wollen, in der die Menschen sich gegenseitig kein Leid antun, ist ein guter Grund für das Befolgen moralischer Grundsätze.

WOHER KOMMEN MORALISCHE GRUNDSÄTZE?

Meine Tante sagt, dass es falsch ist, Tiere grausam zu behandeln.
Ist es denn nur falsch, weil *sie* es sagt?
Nein! Es ist wirklich falsch.
Es ist also an sich falsch und sie erkennt einfach nur, dass es falsch ist?
Ja, vielleicht …

Die meisten Menschen übernehmen im Laufe ihres Lebens moralische Grundsätze – aus der Familie, Schule oder Religion, aus Büchern und Medien. Doch können wir uns auf das moralische Urteil einer anderen Person verlassen? Oder sollten wir lieber *für uns selbst* herausfinden, was richtig und was falsch ist?

Religion ist für manche Philosophen ein riesiges Gedankenexperiment. Die Leute glauben, dass Moralvorstellungen von Gott oder einer anderen höheren Instanz stammen, die automatisch mehr Autorität hat als die Tante irgendeiner Freundin.

Meiner Religion zufolge sagt Gott, dass es falsch ist, unseren Nachbarn um sein Haus zu beneiden.
Ich glaube, dass es an sich falsch ist. Wir sollten für unser kleines Häuschen dankbar sein.
Ich glaube, dass es falsch ist, weil Gott das sagt.
Ist es nur falsch, weil Gott es sagt? Oder sagt Gott, dass es falsch ist, weil es *tatsächlich* falsch ist – ganz unabhängig von Gott?

Manche Leute sind der Meinung, dass moralische Grundsätze wahr sind, weil Gott sagt, dass sie es sind. Andere glauben, dass moralische Grundsätze *schwächer* wären, wenn sie *nur* aus diesem Grund wahr wären. Demnach hätten moralische Grundsätze einen höheren Wert, wenn sie schon vorher existierten – irgendwo da draußen, unabhängig von den Menschen oder von Gott. Aber ist das möglich? Irgendjemand muss sie doch aufgestellt haben, oder?

WARUM GUT SEIN?

Die meisten Menschen versuchen, zumindest *manchmal* das Richtige zu tun. Selbstloses Handeln – sich mehr um andere kümmern als um sich selbst – gilt als moralisch gut. Aber können wir tatsächlich völlig selbstlos handeln? Manche Philosophinnen und Philosophen argumentieren, dass sich hinter vielen vermeintlich selbstlosen Handlungen eigennützige Motive verbergen.

Ich räume mein Zimmer auf.
Wenn ich mein Zimmer aufräume, freut sich Papa und geht vielleicht mit mir Eis essen.
Kann ich dir helfen?
Wenn ich nett zu anderen bin, sind sie vielleicht auch nett zu mir.
Willst du mitspielen?
Wenn ich freundlich zu Sarah bin, lädt sie mich vielleicht zu ihrer Party ein.

Ist eine großzügige Handlung moralisch gut, wenn du davon ausgehst, dass sie erwidert wird? Anderen zu helfen, gibt dir ein gutes Gefühl – ist es deshalb moralisch *verwerflich*? Solange die Belohnung lediglich ein gutes Gefühl ist, ist die selbstlose Handlung moralisch gut. Dem würden wohl die meisten Menschen zustimmen – genau wie der Tatsache, dass es viele *selbstlose* Handlungen *gibt*.

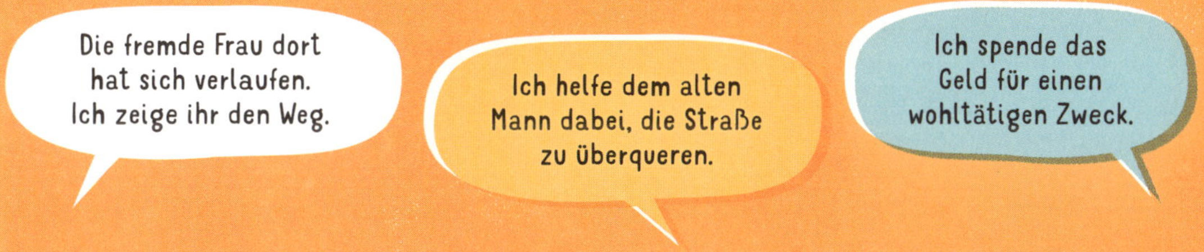

Die fremde Frau dort hat sich verlaufen. Ich zeige ihr den Weg.
Ich helfe dem alten Mann dabei, die Straße zu überqueren.
Ich spende das Geld für einen wohltätigen Zweck.

Um besser entscheiden zu können, was richtig und was falsch ist, haben Philosophen verschiedene Methoden hinsichtlich der Moral entwickelt. Sie haben zum Teil recht komplizierte Namen, wie zum Beispiel **Utilitarismus**, **Deontologie** oder **Tugendethik**. Lies weiter und finde mehr über sie heraus.

DIE SUCHE NACH DEM GLÜCK

Wie entscheiden wir in einem moralischen Dilemma, welches Verhalten das richtige ist? Wir können uns zum Beispiel für das entscheiden, was den größten Nutzen – oder das größte Glück – für die größtmögliche Anzahl von Menschen bringt. Das wird als **Utilitarismus** bezeichnet.

Der Utilitarismus konzentriert sich auf die Folgen oder Konsequenzen einer Handlung, insbesondere auf die *Anzahl* der Menschen, die von ihr profitieren, und auf das *Ausmaß* ihres Nutzens.

MEHR GLÜCK

Wenn das Glück, das aus der Handlung folgt, insgesamt größer ist als das Leid einer kleineren Personengruppe, dann betrachten Utilitaristen die entsprechende Handlung als moralisch richtig.

WAS SIND DIE VORTEILE?

Mit dieser Konzeption lässt sich klar beurteilen, ob eine Handlung moralisch richtig oder falsch ist.

Verschiedene Personengruppen werden nicht unterschiedlich behandelt. Es geht ausschließlich um Zahlen.

Die Menschen handeln moralisch verantwortungsbewusster, wenn sie die *Konsequenzen* ihres Handelns bedenken.

Die meisten Menschen stimmen darin überein, dass mehr Glück und weniger Leid ein lohnenswertes Ergebnis ist.

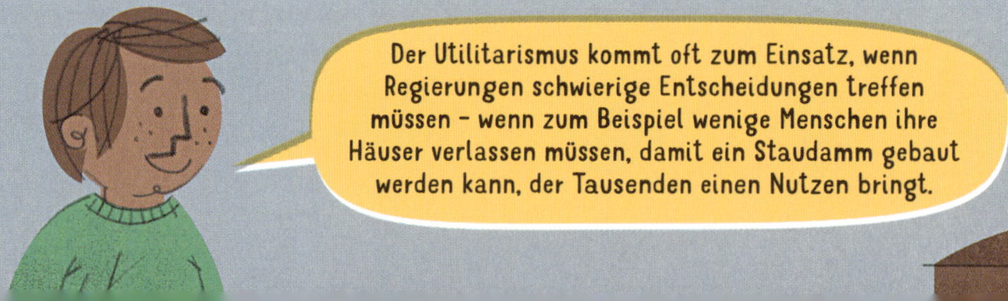
Der Utilitarismus kommt oft zum Einsatz, wenn Regierungen schwierige Entscheidungen treffen müssen – wenn zum Beispiel wenige Menschen ihre Häuser verlassen müssen, damit ein Staudamm gebaut werden kann, der Tausenden einen Nutzen bringt.

Allerdings berücksichtigt der Utilitarismus nicht die Rechte des Einzelnen oder die Auswirkungen für die Minderheit – also für die Menschen, die nicht von der Handlung profitieren.

WAS SIND DIE NACHTEILE?

WENIGER GLÜCK

Der Utilitarismus nimmt das Leid einer Minderheit in Kauf, um Glück für die Mehrheit zu erlangen.

Jeder Mensch hat eine andere Auffassung von Glück.

Wie lässt sich Glück definieren oder gar mit dem Glück eines anderen vergleichen? Lässt sich Glück überhaupt messen?

Es lässt sich nicht immer vorhersagen, wie viel Glück eine Handlung hervorbringt.

Alle Menschen haben Rechte. Die Rechte des Einzelnen werden im Utilitarismus nicht berücksichtigt.

Manchmal ist das, was du vom Gefühl her für richtig hältst, nicht das, was die Mehrheit will oder was das größtmögliche Glück hervorbringt.
Eine Mehrheit von Millionen könnte eine Minderheit von Tausenden umbringen und sich im Recht fühlen, weil die Mehrheit mit der Entscheidung zufrieden ist.

HANDLUNGEN BEURTEILEN

Die **Deontologie** rückt die Handlung selbst in den Mittelpunkt und nicht ihre Folgen. Bei dieser Form der Ethik geht es um das Einhalten von Regeln und darum, das Richtige zu tun. Stell dir vor, du musst entscheiden, ob du deinen besten Freund verrätst, um die ganze Klasse vor einer Bestrafung zu bewahren.

Ich habe zwei Möglichkeiten. Finn verraten oder nicht, das ist hier die Frage.
Ich halte es für falsch, einen Freund zu verraten, also entscheide ich mich für diese Option.
Freund verraten
Er wird bestraft.
Freund nicht verraten
Die ganze Klasse wird bestraft.

Loyalität ist wichtig für Deontologen. Sie entscheiden sich möglicherweise dafür, einen Freund *nicht* zu verraten, auch wenn dadurch 30 Personen bestraft werden. Ein Kritikpunkt an dieser Form der Philosophie ist, dass sie keinen Spielraum dafür bietet, eine Meinung über richtig oder falsch den Umständen anzupassen.

Wenn du mir nicht sagst, wer es war, wird die ganze Klasse vom Unterricht ausgeschlossen und alle fallen bei der Prüfung durch.
Hmm, vielleicht sollte ich meinen Freund doch lieber verraten?

Wenn die Handlung im Zentrum steht, geht es darum, ob du deinen Freund verrätst oder nicht. Wird die Klasse aber streng bestraft oder hat dein Freund etwas Schlimmeres getan als gedacht, *fühlt* es sich vielleicht nicht mehr richtig an, loyal zu sein. Manchmal müssen wir eher *intuitiv* entscheiden, nach Bauchgefühl.

WAS TUN GUTE MENSCHEN?

Auch die **Tugendethik** sucht Antworten auf Fragen zu moralischen Entscheidungen. In ihrem Zentrum steht die Überlegung, wie eine gute oder tugendhafte Person handeln würde. Dabei muss zunächst definiert werden, was „gut sein“ überhaupt bedeutet. Von einer guten Person wird zum Beispiel Folgendes erwartet:

Freundlich und hilfsbereit sein
Andere respektieren
Immer erst die Bedürfnisse anderer beachten
Gerecht sein
Fleißig sein
Immer ehrlich sein
Ich weiß nicht, ob ich jemanden kenne, der ALLE diese Eigenschaften hat ...

Auch wenn wir uns auf die Eigenschaften einigen könnten, die eine gute Person *haben* sollte, gibt es da noch ein anderes Problem: Die Tugendethik stellt keine zuverlässige Methode bereit, mit der wir herausfinden können, was wir *tun* sollen.

Sollen wir vier Wohnhäuser abreißen und einen großen Park anlegen? Oder lassen wir die Häuser stehen und legen einen kleinen Park an?
Der Gärtner Alex war ein weiser und guter Mann. Was hätte Alex in dieser Situation getan?
Ich habe keine Ahnung! Was *hätte* Alex wohl getan?

Wenn Alex nicht anwesend ist, lässt sich nicht sagen, welche Entscheidung die richtige ist.

REGELN SIND RELATIV

Jede Familie hat ihre ganz eigenen Regeln. Das Gleiche gilt für Schulen, Regionen und Länder. Manche Philosophen sind der Meinung, dass moralische Urteile nur im Zusammenspiel mit der Gesellschaft, in der man lebt, richtig oder falsch sind. Ein moralischer Grundsatz kann also an einem Ort richtig und an einem anderen Ort falsch sein.

Ich habe zwei Ehemänner.
In unserer Gesellschaft ist das erlaubt.
In unserem Land ist es moralisch falsch, wenn Frauen mehr als einen Ehemann haben.

Ist es falsch, zwei Ehemänner zu haben? Moralischen Relativisten zufolge gibt es auf diese Frage mehr als eine Antwort. Zwei Ehemänner zu haben, kann je nach Sichtweise falsch oder richtig sein.

Aber könnten zwei Personen aus unterschiedlichen Gesellschaften nicht verschiedener Meinung darüber sein, was richtig ist? Das wäre in etwa so, als würdest du mit jemandem darüber streiten, wo links ist. Ihr wisst beide, was „links" bedeutet. Vielleicht zeigt ihr auch beide mit der Hand nach links. Wenn ihr euch jedoch gegenübersteht, zeigt ihr in unterschiedliche Richtungen.

Hier geht's nach links!
Nein, hier geht's nach links!

Ein Problem des Relativismus ist, dass es bestimmte Handlungen gibt, die falsch erscheinen, *unabhängig* davon, was alle anderen denken. Wenn etwa Diebstahl oder Folter an einem Ort erlaubt wären, dann wären sie dennoch falsch, nicht nur *für uns* falsch, sondern einfach falsch. Für alle. *Ende.*

Das Gegenteil des Relativismus ist der sogenannte moralische **Absolutismus.** Er besagt, dass moralische Überzeugungen entweder richtig oder falsch sind. Für Absolutisten spielt es keine Rolle, zu welcher Gesellschaft du gehörst. Wenn beispielsweise Kannibalismus falsch ist, dann ist Kannibalismus falsch, völlig unabhängig davon, wo oder wann du lebst oder gelebt hast.

Wir essen in unserem Dorf Menschenfleisch. Möchtest du mal probieren?
Nein! Das ist falsch!

GELTEN MANCHE REGELN FÜR ALLE?

Die Überzeugung, dass es allgemeingültige Moralregeln gibt, die in allen Gesellschaften gelten sollten, hat zu vielen internationalen Vereinbarungen geführt. Zu diesen Abkommen gehört auch die **Allgemeine Erklärung der Menschenrechte (AEMR)**, die im Jahr 1948 verkündet wurde.

Kinder dürfen nicht als Sklaven zur Arbeit gezwungen werden. Sind alle damit einverstanden?
Ja!

Die Allgemeine Erklärung der Menschenrechte enthält Artikel über die Rechte, die für *alle Menschen* gelten sollen. Ihr Ziel ist es, die Welt zu einem Ort zu machen, an dem die Menschen mit Respekt und Würde zusammenleben können. Abkommen wie dieses werden oft durch internationale Gesetze gestützt. Sie gelten allerdings nur in den Ländern, die sie unterschreiben.

TESTE DEINE MORAL

Mache ein Gedankenexperiment: Ein führerloser Zug rast ungebremst auf zehn Personen zu, die gefesselt auf den Schienen liegen. Du kannst den Zug mit einem Schalthebel auf ein anderes Gleis leiten. Wenn du es tust, stirbt eine Person.
WAS SOLLST DU TUN?

Das Glück von zehn Menschen wiegt schwerer als das Glück eines einzigen Menschen. Ich werde den Hebel umlegen und eine Person töten, um zehn Leben zu retten.
Ich muss entscheiden, ob ich eine Person töte oder nichts unternehme. Es ist falsch, jemanden zu töten, daher ist es falsch, wenn ich den Hebel umlege. Es ist nicht meine Schuld, wenn zehn Menschen sterben.

Du kannst es dir noch schwerer machen, indem du dir vorstellst, dass es sich bei der einen Person um einen Verwandten oder Freund handelt. Oder stell dir vor, du musst nicht den Hebel umlegen, sondern eine Person vor den Zug stoßen, um ihn zum Stehen zu bringen. Wärst du dazu in der Lage? **Gibt es darauf überhaupt eine richtige Antwort?**

PHILOSOPHIE UNTERWEGS

Selbstfahrende Autos benötigen Programme, die bestimmen, wie sie in verschiedenen Situationen reagieren sollen. Entwickler von solchen autonomen Fahrzeugen arbeiten für diese Programme mit Philosophen zusammen.

Sollte ein selbstfahrendes Auto ausweichen und eine Person töten, um die drei Personen zu retten, die sich auf der Fahrbahn befinden?
Sollte das Auto auf die Klippe zusteuern und den einzigen *Insassen* töten, um so den drei Personen auf der Fahrbahn auszuweichen?
VORSICHT STEILKLIPPE!

Die meisten Menschen würden die erste Frage mit „Ja“ und die zweite Frage mit „Nein“ beantworten, selbst wenn die Folgen gleich sind. Sollte ein selbstfahrendes Auto utilitaristisch reagieren und mehrere Menschenleben retten? Oder sollte es zunächst das Leben des Insassen retten? Oder sollten selbstfahrende Autos gänzlich verboten werden? Philosophen arbeiten intensiv daran, optimale Lösungen für diese Probleme zu finden.

SCHWIERIGE ENTSCHEIDUNGEN

Das Leben steckt voller moralischer Fragen, über die die Menschen – Philosophen eingeschlossen – streiten. Hier sind einige Beispiele.

DAS RECHT ZU STERBEN

Manche Menschen sind der Überzeugung, dass wir bei einer schweren Krankheit das Recht haben sollten, mit der Hilfe eines Arztes früher zu sterben. Für andere ist das hingegen Selbstmord, den viele Menschen als moralisch falsch betrachten. Hängen unsere Überzeugungen von der Handlung, von den Konsequenzen oder von etwas ganz anderem ab?

Ich habe Krebs, liege im Sterben und habe große Schmerzen. Ich will, dass die Ärzte mir beim Sterben helfen.

Was ist, wenn Schmerz und Leid nur vorübergehend sind? Vielleicht gibt es bald eine neue Therapie ...

Ein Arzt könnte das System ausnutzen und einen Mord begehen.

Beihilfe zum Selbstmord widerspricht meiner Religion.

Leben ist ein fundamentales „Recht“, das niemand einfach wegnehmen darf.

Die beste Lösung ist, die Patienten von Schmerz und Leid zu befreien.

TODESSTRAFE

Darf ein Staat das Recht haben, das Leben eines Menschen zu beenden, der des Mordes verurteilt wurde?

Was ist, wenn der Gefangene in Wirklichkeit unschuldig ist? Schon oft wurden Menschen zu Unrecht eines Verbrechens beschuldigt.

Wer ein schweres Verbrechen begeht, der verliert seine Rechte, auch das Recht auf Leben.

Der Staat hat die Pflicht, verurteilten Verbrechern dabei zu helfen, sich zu bessern, egal wie schwerwiegend ihr Verbrechen war.

Die Androhung der Todesstrafe ist das beste Mittel, um Menschen davon abzuhalten, schwere Verbrechen zu begehen.

Niemand, nicht einmal der Staat, hat das Recht, jemandem das Leben zu nehmen.

MEDIZINETHIK

Ärztinnen und Ärzte müssen sich täglich mit vielfältigen ethischen Dilemmas auseinandersetzen. In Krankenhäusern gibt es oft Gruppen oder Komitees, die bei der Entscheidungsfindung helfen.

Dieses Kind braucht eine Notfallversorgung, aber die Eltern sind nicht hier, um die erforderliche Erlaubnis für die Operation zu geben. Sollen wir warten?

Meine Patientin hat mir gestanden, dass sie ein Verbrechen begangen hat. Soll ich die Polizei informieren?

PRIVATSPHÄRE

Meine E-Mails, Telefongespräche und Internetnutzung gehen niemanden etwas an. Ich habe ein Recht auf Privatsphäre.

Mir ist egal, was der Staat macht, wenn es hilft, Terrorangriffe zu verhindern.

KRIEG

Darf ein Land einem anderen Land den Krieg erklären?

Krieg ist gerechtfertigt, wenn es die einzige Möglichkeit ist, ein Land davon abzuhalten, meine Landsleute anzugreifen und umzubringen.

Gewalt führt nur zu noch mehr Gewalt. Länder sollten stets nach einer friedlichen Lösung suchen.

Töten ist moralisch falsch. Es gibt keine Rechtfertigung für Krieg.

Wir müssen Krieg führen, wenn es die einzige Möglichkeit ist, einen teuflischen Diktator davon abzuhalten, Tausende von Menschen umzubringen.

Im Krieg sterben immer unschuldige Menschen.

GESETZGEBUNG

Befriedigende Antworten für alle zu finden, ist schwer. Jedes Land muss das Für und Wider abwägen, um Entscheidungen zu treffen und Gesetze zu erlassen. Diese können je nach Land stark variieren. Manchmal kann auch deine persönliche Sichtweise von den geltenden Gesetzen abweichen. Menschen, die mit den herrschenden Gesetzen nicht einverstanden sind, setzen sich hin und wieder aktiv für Veränderungen ein.

WOHER WEISS ICH, DASS DU DIE-SELBE PERSON BIST, DIE ICH GESTERN GETROFFEN HABE?

WAS IST ZEIT?

BRINGT ES ETWAS, SICH IN DIE VERGANGENHEIT ZU WÜNSCHEN, UM DEN LAUF DER DINGE ZU ÄNDERN?

ZEIT UND IDENTITÄT

Zeit und Identität sind zwei schwierige Themen, die im philosophischen Teilbereich der **Metaphysik** diskutiert werden. Diese beschäftigt sich mit zahlreichen Fragestellungen, von denen manche sehr GROSS sind. Dazu gehören die Vorstellung von unserer Existenz, die Wirklichkeit, der Raum, die Eigenschaften von Dingen sowie das Verhältnis von Ursache und Wirkung. In diesem Kapitel erhältst du einen kleinen Einblick in dieses weitreichende Feld der Philosophie.

IDENTITÄT

Wodurch gleicht ein Gegenstand einem anderen? Wie erklärst du, dass sich eine Sache verändern kann und trotzdem noch dieselbe Sache ist? Bei solchen Fragen geht es um die **Identität**.

Man unterscheidet zwei Formen der Identität. Die erste Form ist die sogenannte **qualitative Identität**. Stell dir dazu zwei gleichartige Autos vor, die frisch aus der Montagehalle rollen.

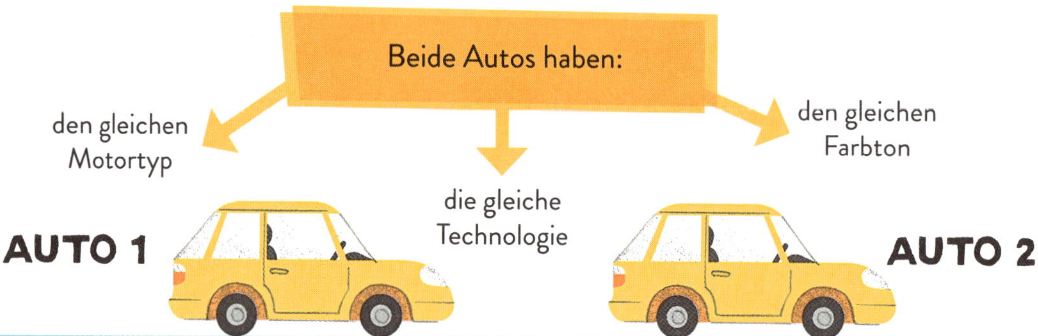

Beide Autos haben:
den gleichen Motortyp
die gleiche Technologie
den gleichen Farbton
AUTO 1
AUTO 2

Beide Autos verfügen über die gleichen Eigenschaften oder Qualitäten. Sie sind exakt gleich oder *qualitativ identisch*. Es handelt sich aber *trotzdem* um zwei separate Autos.

Nun stell dir vor, du kaufst Auto 1. Es wird gestohlen und später von der Polizei wiedergefunden. Es *sieht* zwar nicht mehr *aus* wie dein Auto, aber die Polizei versichert dir, dass es dein Auto *ist*. Der Dieb hat ...

... es rot umgesprüht.
... die Radkappen ausgetauscht.

Das Auto sieht anders aus, es ist also *nicht* **qualitativ identisch** mit dem ursprünglichen, aber **numerisch identisch.** Es gibt nur ein einziges Auto, bei dem es sich um jenes handelt, das du gekauft hast. Wie aber können wir behaupten, dass es sich zu einem bestimmten Zeitpunkt immer noch um dasselbe Auto handelt wie zu einem anderen, besonders, wenn etwas verändert wurde?

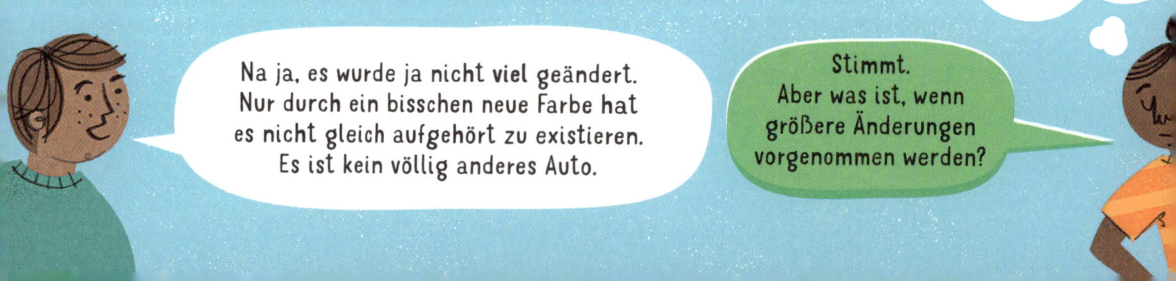

Na ja, es wurde ja nicht **viel** geändert. Nur durch ein bisschen neue Farbe hat es nicht gleich aufgehört zu existieren. Es ist kein völlig anderes Auto.
Stimmt. Aber was ist, wenn größere Änderungen vorgenommen werden?

Kann sich eine Sache stark verändern und trotzdem weiter existieren, solange die Veränderungen sich *allmählich* vollziehen? Erinnerst du dich an das Gedankenexperiment mit dem Teddy auf Seite 13? Hier ist es noch einmal, jetzt mit einem Auto.

10:00
11:00
12:00
13:00
14:00
Zeit
A
B1
Die Autoteile werden bis 14:00 Uhr nach und nach ersetzt.
B1 verfügt über keine Teile von A.
Um 10:00 Uhr beginnen die Mechaniker, alle Teile von Auto A durch qualitativ identische Teile zu ersetzen.
B2
Alle Teile von A werden weggebracht, um daraus ein neues Auto – B2 – zu bauen.
B2 verfügt über alle Teile von A.

Um 14:00 Uhr gibt es zwei Autos: B1 und B2. Sie sind qualitativ identisch. Zudem sind beide vom ursprünglichen Auto A *nicht zu unterscheiden*. Aber welches Auto ist jetzt *numerisch* identisch mit A? Es können nicht beide sein, oder?

Vielleicht können Dinge nicht *völlig* anders werden und doch dasselbe Ding bleiben. In diesem Fall wäre B1 nicht mit A identisch, aber mit B2.
Schön, aber zu welchem Zeitpunkt zwischen 10:00 Uhr und 14:00 Uhr hat Auto A aufgehört zu existieren? Und wann hat B1 damit angefangen?
Hmm, okay. Na ja, vielleicht ist B2 dann nicht mit A identisch. Es ist ein anderes Auto, das zufällig aus den ursprünglichen Teilen von A zusammengebaut wurde.
Aber was ist, wenn mit allen Teilen von A nur B2 gefertigt worden ist und die Teile nicht durch neue ersetzt worden sind? Dann gäbe es B1 gar nicht. Sagst du dann immer noch, dass B2 *nicht* A ist?
In Ordnung. Vielleicht sind sie dann *beide* A.
Aber B1 und B2 sind doch zwei separate Gegenstände. Sie können nicht numerisch identisch sein.

Das ist schon ziemlich kompliziert, oder? Wie verzwickt geht es dann wohl zu, wenn es um die Identität von *Menschen* geht? Blättere um und finde es heraus.

PERSONALE IDENTITÄT

Wenn es um Menschen geht, dann wird es ein bisschen komplizierter mit der Identität. Zunächst muss geklärt werden, was überhaupt als „Person" zählt? Ein Mensch? Ein Gehirn? Ein Geist? Oder etwas ganz anderes? Die folgende philosophische Frage mag einfach klingen: Woher weiß ich, dass ich dieselbe Person bin wie die Person, die angefangen hat, dieses Buch zu lesen? Die Antwort ist aber alles andere als einfach.

DERSELBE KÖRPER?

Wir gehen in der Regel davon aus, dass eine *Person* existiert, solange ihr *Körper* existiert. Daraus leiten wir ab, dass es sich über die Zeit hinweg um dieselbe Person handelt. Aber ist eine Person von einem Zeitpunkt zum nächsten nur dieselbe Person, weil der Körper derselbe ist? Ist **personale Identität** dasselbe wie **körperliche Identität**?

Mit folgendem Gedankenexperiment lässt sich diese Frage genauer untersuchen.

Sara hatte einen schlimmen Unfall. Ihr Gehirn ist gesund, aber der Rest ihres Körpers stirbt.

Neue Technologien ermöglichen es, ihr Gehirn herauszuoperieren, ohne es dabei zu beschädigen ...

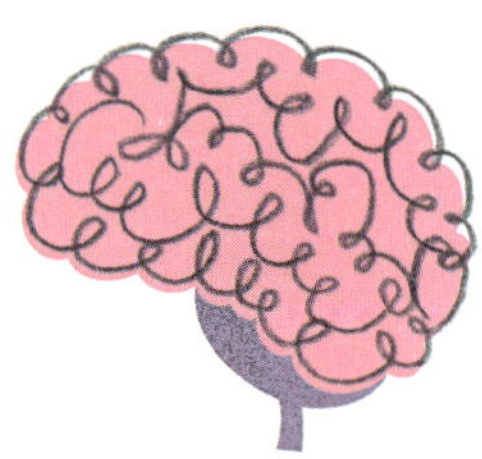

... und es in einen neuen Körper einzusetzen, in dem es genauso arbeitet wie früher. Ist das immer noch Sara?

Wenn du der Meinung bist, dass das immer noch Sara *ist*, dann denkst du höchstwahrscheinlich, dass Sara – oder was immer Sara zu *Sara* macht – nicht dasselbe ist wie ihr Körper. Oder zumindest nicht ihr *gesamter* Körper. Manchen Philosophen zufolge ist *dasselbe Gehirn* das, was jemanden von einem Zeitpunkt zu einem anderen zur selben Person macht.

DASSELBE GEHIRN?

Wenn Sara mit ihrem Gehirn identisch ist, dann ist die Person nach der Operation immer noch Sara, weil sie dasselbe Gehirn hat. Sara ist immer dort, wo ihr Gehirn ist. Und jetzt wird es richtig knifflig: Unser Gehirn besteht aus zwei Hälften oder Hemisphären, die unabhängig voneinander arbeiten können.

Wenn es nun möglich wäre …
… eine Hälfte aus Saras Kopf zu entnehmen und …
… sie unbeschädigt in einen neuen Kopf einzupflanzen …

Welche der „entstandenen“ Personen wäre Sara? Oder wäre es keine von beiden?

Hmm, da bin ich mir nicht sicher. Was mich als *mich* ausmacht, ist nicht nur ein Klumpen Körpermasse. Es sind meine Gedanken, meine Gefühle und meine anderen mentalen Zustände.
Genau. Außerdem gehen wir in der Regel davon aus, dass sich diese mentalen Zustände im Gehirn abspielen. Das heißt, meine mentalen Zustände – und damit ich – laufen da ab, wo mein Gehirn ist.

Wie sieht es jedoch aus, wenn du dieses Gehirn gar nicht brauchst, um du selbst zu sein? Was, wenn deine mentalen Zustände in einem anderen Gehirn sein könnten oder in einem Computer? *Wärst* du dann jener Computer oder jenes Gehirn? Wenn du darauf mit Ja antwortest, gehst du wahrscheinlich davon aus, dass es nicht die Identität des Gehirns ist, die eine Person zu verschiedenen Zeitpunkten zu derselben Person macht, sondern etwas, das mit ihrem *Geist* zu tun hat.

DERSELBE GEIST?

Manche Philosophen haben dargelegt, dass es die **Kontinuität des Bewusstseins** ist, die eine Person von einem Zeitpunkt zum nächsten zu derselben Person macht. Aber was soll das nun wieder bedeuten? Einer Sichtweise zufolge liegt alles in unserer Erinnerung begründet.

Wie sollen wir das verstehen?

Stell dir vor, dass Ruth im Jahr 2031 behauptet, sie sei dieselbe Person, die 2011 Jo hieß. Nach der Theorie des kontinuierlichen Bewusstseins kann Ruth nur Jo sein, wenn sie sich an Erfahrungen erinnert, die Jo 2011 gemacht hat.

Das kann doch nicht klappen. Was ist, wenn Ruth sich nicht an alles – oder an gar nichts – erinnern *kann*, was Jo erlebt und erfahren hat? Bedeutet das, dass Ruth nicht Jo sein *kann*?
Ich kann mich schließlich auch nicht an besonders viel erinnern, was *ich* mit fünf Jahren erlebt habe. Und mit 80 kann ich mich möglicherweise an gar nichts mehr erinnern. Aber ich bin immer noch dieselbe Person, oder?
Das ist schon okay. Du brauchst dich nicht an *alles* zu erinnern, solange sich einige Erinnerungen überschneiden.

5 JAHRE **25 JAHRE** **50 JAHRE**

ABC
1984
Krieg und Frieden

Es gibt jedoch ein Problem, wenn die Identität über Erinnerungen definiert wird: Die Beweisführung verläuft im Kreis (Zirkelschluss).

Ruth = Jo, wenn und nur wenn Ruth sich an Dinge erinnert, die Jo erlebt und erfahren hat.

Eine Erinnerung wird im Gedächtnis zu einer Erinnerung, wenn die Person, die sich erinnert, *dieselbe* Person ist, die die Erfahrungen gemacht hat.

Wir müssen die personale Identität verstehen, um das Gedächtnis zu verstehen.

Die Vorstellung von Erinnerungen und einem Gedächtnis setzt voraus, dass wir bereits eine Vorstellung davon haben, was personale Identität bedeutet. Personale Identität wird also durch personale Identität *erklärt*.

Das folgende Gedankenexperiment hört sich im Moment vielleicht noch nach Science-Fiction an, eines Tages könnte es aber Wirklichkeit werden.

Saras Gehirn ist verletzt. Glücklicherweise wurden Kopien all ihrer mentalen Zustände gemacht ...
... und auf einem Computer gespeichert.
Wenn du mit ihr sprichst, hört sich die *neue* Sara genau wie die alte Sara an.
Die Wissenschaftler feiern mein Überleben.

Natürlich kann dieses Verfahren nur als Erfolg angesehen werden, wenn du davon ausgehst, dass das Kopieren ihrer mentalen Zustände Sara am Leben erhalten hat. Glaubst du das nicht, dann hieße das, dass Sara gestorben ist und durch eine sehr gute Kopie ersetzt wurde.

ZEIT

Wir reden oft über die Zeit, als wäre sie ein Gegenstand: Sie fliegt, sie geht vorüber und wir bewegen uns durch sie hindurch. Außerdem *scheint* sie in eine einzige Richtung zu laufen – von der Vergangenheit über die Gegenwart in die Zukunft. Aber ergeben diese allgemein anerkannten Vorstellungen von der Zeit auch einen philosophischen Sinn?

Für die Beschreibung von Ereignissen nutzen wir die Begriffe **vergangen**, **gegenwärtig** und **zukünftig**. Wir sagen auch, dass die Zeit in eine bestimmte Richtung fließt: Ereignis A muss zuerst passieren, *dann* Ereignis B, *dann* C.

Die Position der Ereignisse kann sich *ändern*. Während ich einen Tee getrunken habe, lag das Lesen dieses Buches in der Zukunft. Später wurde es zur Gegenwart. Auf dieselbe Weise wird das Schreiben einer Textnachricht irgendwann zur Gegenwart und später zur Vergangenheit werden.

So weit, so gut ... oder nicht? Dem britischen Philosophen J. M. E. McTaggart zufolge gibt es hier einen Widerspruch oder eine **Kontradiktion**. Das bedeutet, dass zwei Dinge zugleich zutreffen, obwohl sie nicht *beide* wahr sein können. Ergibt die Zeit an sich also keinen Sinn?! Ist sie *unwirklich*?

Warte mal! Wo ist der Widerspruch?
Nun, wir haben gerade gesagt, dass *alle Ereignisse alle Eigenschaften* von Vergangenheit, Gegenwart und Zukunft aufweisen.
Diese Eigenschaften sind jedoch unvereinbar. Ein Ereignis kann nicht gleichzeitig vergangen *und* gegenwärtig *und* zukünftig sein.
Äh, nein, nicht *zur gleichen Zeit*, aber …
… es ist die Zeit, die wir hier erklären wollen! Du kannst die Zeit nicht durch sich selbst erklären. Das ist ein Zirkelschluss!
Hi!
Können wir nicht sagen, dass ein Ereignis zukünftig *war*, gegenwärtig *ist* und vergangen *sein wird*?
Immer noch ein Zirkelschluss! Aber selbst wenn es keiner wäre, können sich Ereignisse ändern. Ein Ereignis, das jetzt gegenwärtig ist, wird zur Gegenwart-in-der-Vergangenheit.
Nichts kann jedoch gleichzeitig Gegenwart-in-der-Gegenwart *und* Gegenwart-in-der-Vergangenheit sein.
Ich komme nicht mehr mit …
Es bringt auch nichts, wenn du sagst: „Nein, nicht zur gleichen Zeit." Dadurch entsteht ein neuer Widerspruch und wieder ein neuer …
Oje!

Es wurden verschiedene Auswege aus diesem Dilemma vorgeschlagen, etwa dass es nur die Gegenwart gibt und es nichts bringt, von vergangen oder zukünftig zu reden. Oder dass gar nichts vergangen, gegenwärtig oder zukünftig ist, sondern alles relativ zur zeitlichen Perspektive ist, aus der *du* die Dinge siehst. Verwirrt? Da bist du nicht allein. Wie der Philosoph Augustinus von Hippo um 400 n. Chr. schon sagte:

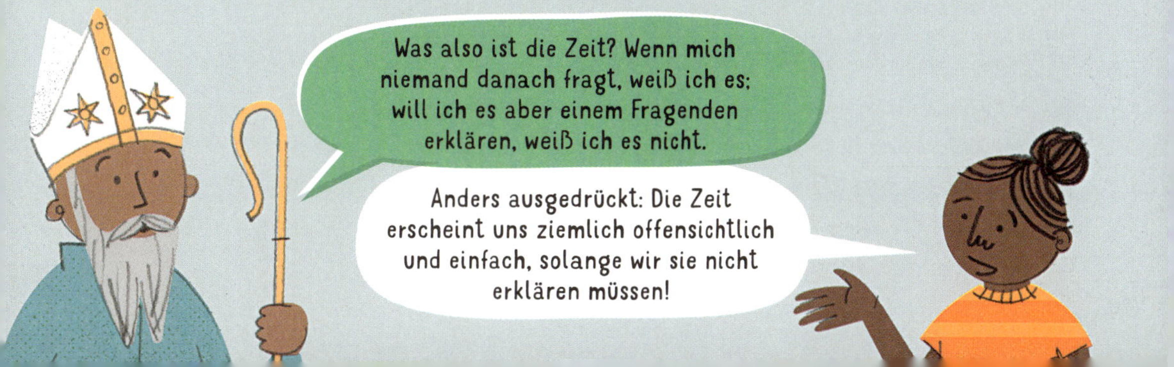
Was also ist die Zeit? Wenn mich niemand danach fragt, weiß ich es; will ich es aber einem Fragenden erklären, weiß ich es nicht.
Anders ausgedrückt: Die Zeit erscheint uns ziemlich offensichtlich und einfach, solange wir sie nicht erklären müssen!

ZEITREISEN

Zeitreisen bieten spannenden Stoff für Geschichten. Die Idee bringt jedoch ernstzunehmende philosophische Fragen hervor, die darauf hindeuten, dass Zeitreisen logisch nicht möglich sind. Und wenn sie logisch unmöglich sind, sind sie auch physikalisch nicht möglich (auch wenn manche Physiker etwas anderes behaupten).

Was gilt als Zeitreise? Nun ja, streng genommen reisen wir alle durch die Zeit. Seit du dieses Buch aufgeschlagen und zu lesen begonnen hast, bist du in der Zeit weitergereist. In der Regel bezeichnet der Begriff jedoch eine Reise in die andere Richtung, also in die Vergangenheit, oder eine Reise in eine ferne Zukunft. Diese Form der „Zeitreise" schafft nun aber Szenarien oder Behauptungen, die gleichzeitig möglich und unmöglich erscheinen, sogenannte **Paradoxa**.

IMMER IM KREIS HERUM ...

Arthur reist in einer Zeitmaschine in die Zukunft und stiehlt einen Entwurf für eine Zeitmaschine. Er reist zurück und übergibt den Plan Professorin Wells, die nach diesem Entwurf die Zeitmaschine baut, die Arthur in die Zukunft gebracht hat. Dieses Szenario enthält eine sogenannte **Kausalschleife**, bei der die Ursache für ein Ereignis letztendlich im Ereignis selbst liegt.

Ich habe Entwürfe für eine Zeitmaschine gefunden!
Fertig! Jetzt wollen wir die Maschine ausprobieren.
In der fernen Zukunft ...
Puuh! Ich habe die Entwürfe gefunden. Professorin Wells wird sie brauchen, um die Zeitmaschine zu bauen.
2099

DAS GROSSVATERPARADOXON

Stell dir vor, Arthur reist zurück in eine vergangene Zeit, in der sein Großvater noch keine Kinder hatte. Arthur will seinen Großvater töten. Wenn er das jedoch tut, wird Arthurs *Vater* niemals zur Welt kommen und folglich *Arthur* selbst auch nicht. Wie *kann* er also seinen Großvater töten?

Aber warum *kann* Arthur seinen Großvater nicht umbringen? Was hindert ihn daran? Die Gesetze der Logik?!
So einfach ist es nicht. Arthur **kann** einerseits seinen Großvater umbringen, andererseits ...
... **kann** er es **nicht** (denn wenn er ihn tötet, würde er selbst nicht *existieren*, um in die Vergangenheit reisen und ihn töten zu können). Das ist ein **logischer Widerspruch**.

Manche Menschen behaupten, das Großvaterparadoxon gelöst zu haben. Arthur *kann* in die Vergangenheit reisen und seinen Großvater umbringen, wenn die Mordtat ein *Paralleluniversum* erschafft, in dem die Dinge anders ablaufen. In diesem Universum wird Arthur nicht geboren, aber er kann in *diesem* Universum existieren, wenn er aus dem Universum, in dem er geboren wurde, dorthin reist.

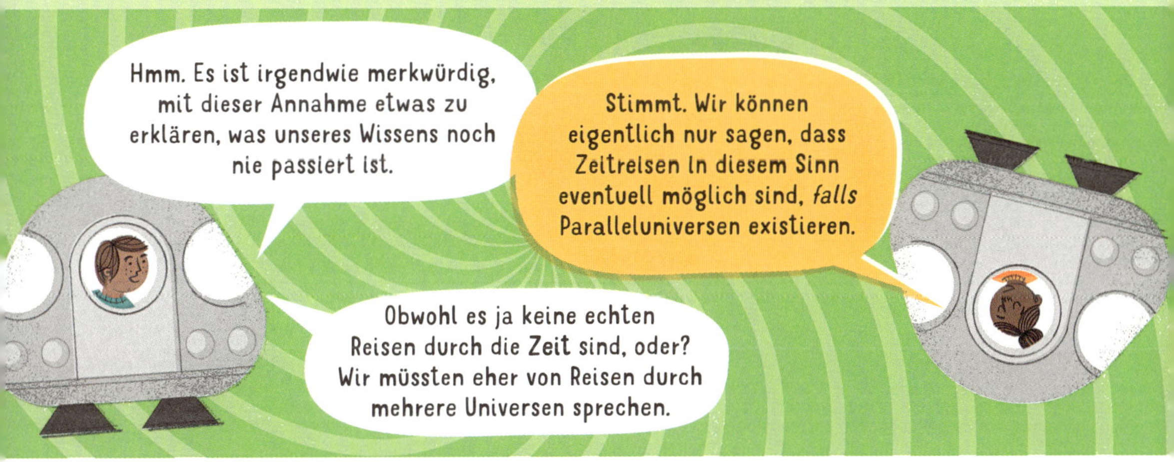
Hmm. Es ist irgendwie merkwürdig, mit dieser Annahme etwas zu erklären, was unseres Wissens noch nie passiert ist.
Stimmt. Wir können eigentlich nur sagen, dass Zeitreisen in diesem Sinn eventuell möglich sind, *falls* Paralleluniversen existieren.
Obwohl es ja keine echten Reisen durch die **Zeit** sind, oder? Wir müssten eher von Reisen durch mehrere Universen sprechen.

Aber auch wenn Zeitreisen logisch möglich *sind*, haben wir noch eine Frage:

WO SIND ALL DIE ZEITREISENDEN?

Im Juni 2009 verschickte der Physiker Stephen Hawking Party-Einladungen an „alle zukünftigen Zeitreisenden“. Die Party hatte jedoch schon stattgefunden und – wenig überraschend – niemand war zur Feier erschienen. Hawking wollte nur zeigen, dass wenn Zeitreisen möglich *wären*, irgendjemand irgendwann einen Weg finden würde – und wir dann also in der Gegenwart Menschen aus der Zukunft treffen müssten. Ganz einfach, oder?

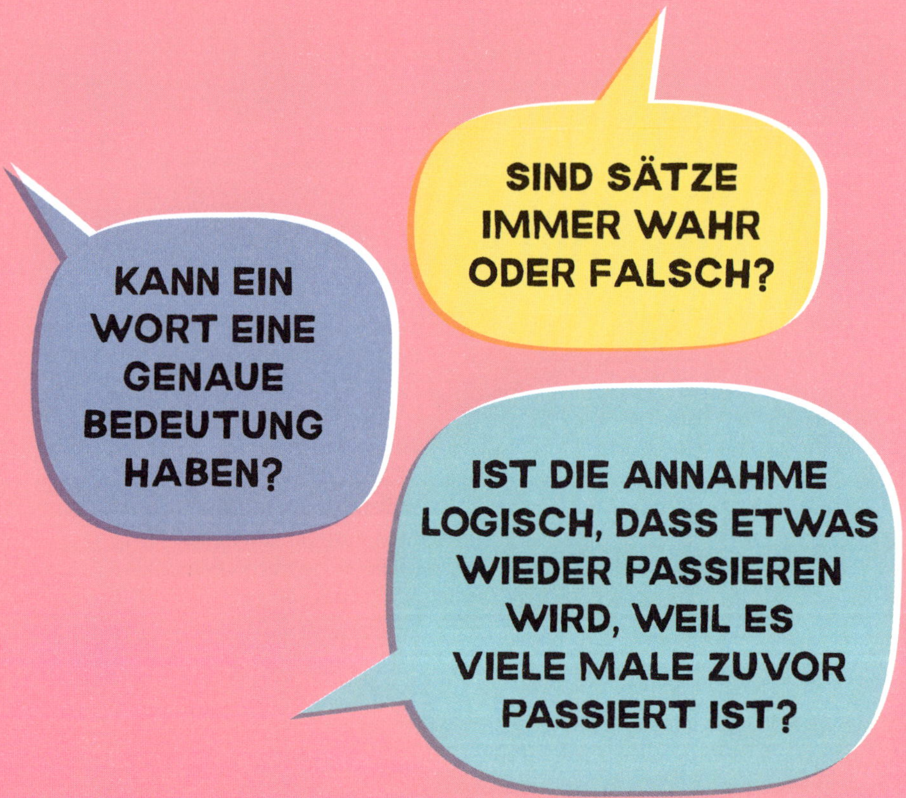
KANN EIN WORT EINE GENAUE BEDEUTUNG HABEN?
SIND SÄTZE IMMER WAHR ODER FALSCH?
IST DIE ANNAHME LOGISCH, DASS ETWAS WIEDER PASSIEREN WIRD, WEIL ES VIELE MALE ZUVOR PASSIERT IST?

LOGIK UND SPRACHE

Wörter und Sprache, mit denen wir Vorstellungen, Annahmen oder Argumente ausdrücken, sind das Herzstück der Philosophie. Welche Wörter wir auswählen und verwenden, kann sich von Person zu Person unterscheiden. Doch woher wissen wir dann, was jemand tatsächlich meint? Wie sollen wir der Philosophie vertrauen, wenn ihre hauptsächlichen Werkzeuge – die Wörter – zu Missverständnissen führen können?

Um Antworten auf diese Fragen zu finden, beschäftigen sich Philosophinnen und Philosophen eingehend mit der Sprache selbst. Sie zerlegen sie in Teile und nutzen Prämissen, Konklusionen und andere Werkzeuge der Logik, um herauszufinden, ob sich eine Sache wirklich aus einer anderen schlussfolgern lässt.

VERSCHIEDENE ARTEN DER ARGUMENTATION

Die Philosophie folgt – wie die Mathematik – bestimmten Regeln. Das umfasst oft einen Denkprozess von mehreren **Prämissen** zu einer **Konklusion**, die sich logisch aus den Annahmen schlussfolgern lässt. Schau dir als Beispiel dieses einfache Gespräch an:

Hat es an der Tür geklingelt?
Waldi bellt immer, wenn jemand an der Tür ist.
Waldi hat nicht gebellt.
Also ist auch niemand an der Tür.
Zzzzzzzzzz!
WALDI

Ein Philosoph könnte dieses Gespräch mithilfe der Logik (siehe Seiten 10 bis 11) oder der sogenannten **deduktiven Methode** aufgliedern. Das sähe so aus ...

PRÄMISSE 1	PRÄMISSE 2	KONKLUSION
Waldi bellt immer, wenn jemand an der Tür ist.	Waldi hat nicht gebellt.	Niemand ist an der Tür.

Der Vorteil der Deduktion ist ihre Gewissheit. Wenn die Prämissen wahr sind und die Argumentation insgesamt schlüssig ist, dann lässt sich logisch folgern, dass die Konklusion wahr sein muss.

Wenn eine oder sogar mehrere Prämissen *falsch* sind, dann ist natürlich auch das Argument nicht schlüssig. Es könnte etwa sein, dass Waldi nicht *immer* bellt, wenn jemand an der Tür ist ...

ERKENNTNISSE UND BEOBACHTUNGEN

Die **induktive Methode** ist eine weitere Form der Argumentation. Sie nutzt Beweise aus der Welt um uns herum und Beobachtungen, die wir mit unseren Sinnen machen, und führt uns so zu *möglichen* Konklusionen.

Immer wenn wir vor zwölf Uhr in das Café gegangen sind, war es schön ruhig.
Super. Jetzt ist es 10 Uhr. Da bekommen wir sicher einen Tisch.

Die Aussage, dass es „vor zwölf Uhr“ im Café „schön ruhig“ war, beruht auf wiederholten Beobachtungen. Daraus lässt sich folgern, dass es *wahrscheinlich* wieder so sein wird.

Im 18. Jahrhundert argumentierte der schottische Philosoph David Hume folgendermaßen gegen die induktive Methode:

Die Sonne wird morgen über dem Hügel dort aufgehen.
Woher wisst Ihr denn, dass sie wirklich morgen aufgehen wird?
Sie ist bisher an jedem Morgen meines Lebens aufgegangen. Deshalb wird sie selbstverständlich auch morgen aufgehen! Das besagt die induktive Methode.
Eure Überzeugung ist nur gerechtfertigt, wenn die Zukunft der Vergangenheit ähnelt. Das könnt Ihr jedoch nicht voraussetzen. Ihr glaubt es nur, weil es schon immer so war ...

Nur weil etwas in der Vergangenheit so war, heißt das *nicht* immer, dass es auch in Zukunft so sein wird. Tatsächlich *glauben* wir jedoch, dass die Sonne morgen wieder aufgehen wird. Die induktive Methode gibt uns zwar keine Gewissheit, in unserem alltäglichen Denken scheinen wir uns aber auf sie zu verlassen.

WAHR ODER FALSCH?

Folgt die Sprache logischen Regeln? Wenn ja, so argumentieren manche Philosophen, dann muss es möglich sein, sie in einzelne Sätze zu zerlegen, die entweder wahr oder falsch sind. Die Suche nach der Wahrheit kann jedoch zu Widersprüchen führen. Denk einmal über den folgenden Satz nach, der als **Lügnerparadoxon** bekannt ist.

DIESER SATZ IST FALSCH.
Ist das nun wahr oder falsch?
Also ... wenn der Satz *wahr* ist, dann muss sein Aussage falsch sein. Wen der Satz aber falsch ist, dann drückt der Satz tatsächlich die Wahrheit aus. Hä? Warte mal ...
DIESER SATZ IST NICHT WAHR.
Wenn er wahr ist, ist es falsch, und wenn er falsch ist, ist es wahr?
Ähm ... ja!
Aber nichts kann gleichzeitig wahr UND falsch sein! Das ergibt keinen Sinn.

In diesem Beispiel ist es sehr knifflig – vielleicht unmöglich – zu sagen, ob der Satz selbst wahr oder falsch ist. Kann es sein, dass die Logik nicht für alle Sätze gilt?

DIE BEDEUTUNG VON WÖRTERN

Welche Bedeutung hat ein Wort? Geht es um das Objekt, auf das sich das Wort bezieht? Wenn man es so betrachtet, ist die Bedeutung von „Everest“ ein Berg. Du könntest aber auch sagen, dass es sich bei der Bedeutung von „Everest“ um eine Vorstellung handelt oder um eine bestimmte Information darüber, zum Beispiel „der höchste Berg der Welt“.

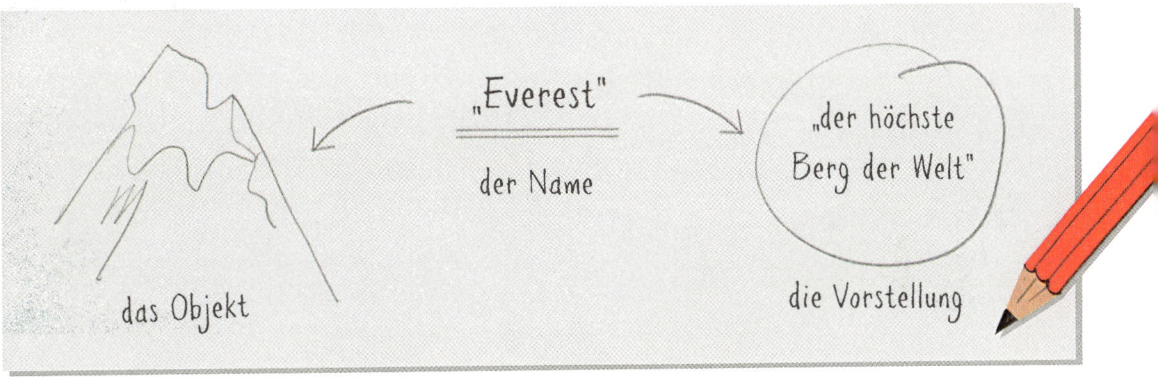

Beide Bedeutungen sind verständlich, aber sie sind sehr verschieden. „Everest“ bezieht sich auf einen Berg im Himalaya, während der Ausdruck „der höchste Berg der Welt“ sich auf einen anderen Berg beziehen *könnte*.

Stell dir einen Kater namens „Baldur“ vor. Baldur jagt gern Autos hinterher. Außerdem gefällt es ihm, vor den Haustüren anderer Leute zu schlafen.

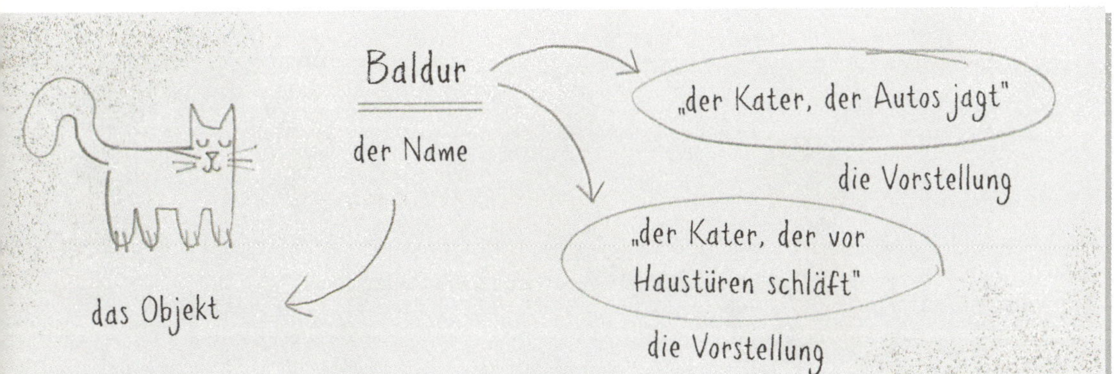

„Der Kater, der Autos jagt“ hat eine andere Bedeutung als „der Kater, der vor Haustüren schläft“. Trotzdem beziehen sich beide Sätze auf dieselbe Sache, nämlich auf Baldur. Die Bedeutung lässt sich also auf unterschiedliche Weise betrachten. Aber kann ein Wort überhaupt eine genaue Bedeutung haben?

BEDEUTUNG NACH GEBRAUCH

Manche Philosophinnen und Philosophen weisen die Vorstellung zurück, dass Wörter und Sprache eine festgelegte Bedeutung haben. Sie argumentieren, dass die Bedeutung eines Wortes von seinem *Gebrauch* im Satz abhängt, von seiner Ausdrucksform und von der Sprache selbst.

Wie war dein Weg?
Sehr angenehm! Ich habe den Bus genommen und bin dann noch fünf Minuten zu Fuß gegangen.
Nein, ich meine, wie war dein *Weg*?
Ach, mein Weg durchs Leben! Ich hatte es sehr schwer. Es hat lange gedauert, dahin zu kommen, wo ich jetzt bin.

Die Sache mit der Bedeutung kann also sehr vage sein. Ist es dann überhaupt sinnvoll, unabhängig vom Kontext nach der Bedeutung eines Wortes zu suchen? Vielleicht nicht.

Wir feiern dieses Wochenende eine Party.
Zzzzzzzzz!

Die Bedeutung hängt auch vom Zuhörer ab. Person A stellt sich unter einer Party möglicherweise etwas anderes vor als Person B. Woher sollen wir jemals wissen, dass wir über dieselbe Sache sprechen? Wir wissen es vielleicht nicht.

BEDEUTUNG UND AUTORENSCHAFT

Jedes Wort, das du liest, wurde von jemandem geschrieben: von einer Autorin oder einem Autor. Kannst du das Geschriebene verstehen, ohne darüber nachzudenken, was Autoren damit wirklich sagen wollten? Manche Menschen halten das für *möglich*. Sie sind der Ansicht, dass die Bedeutung lediglich auf dem geschriebenen Wort basiert, NICHT auf der Autorintention.

Ich glaube, es geht um ein Mädchen, das in einen Kaninchenbau fällt.
ALICES ABENTEUER IM WUNDERLAND
Lewis Carroll
Es geht um die verwirrenden Ratschläge, die Erwachsene Kindern geben.
Es geht um das Erwachsenwerden und die Suche nach dem reinen Wissen.
Ich finde, es geht um die Gefahren von Drogen.

In vielen Büchern steckt eine tiefere Bedeutung, die sich endlos interpretieren lässt. Vielleicht ist es gar nicht so wichtig, was der Autor sagen wollte, solange der Leser begründen kann, worum es in dem Buch *wirklich* geht.

Manchmal kann sich eine Sichtweise jedoch ändern, wenn man etwas über die Autoren erfährt – möglicherweise ist es also doch wichtig.

KRÄHE
Ted Hughes
Dieser Autor schreibt viel über Krähen. Er muss sich sehr für Vögel interessiert haben.
Aber er schrieb das Buch, nachdem seine Frau gestorben war. Meiner Meinung nach ist die Krähe ein Symbol für den Tod.

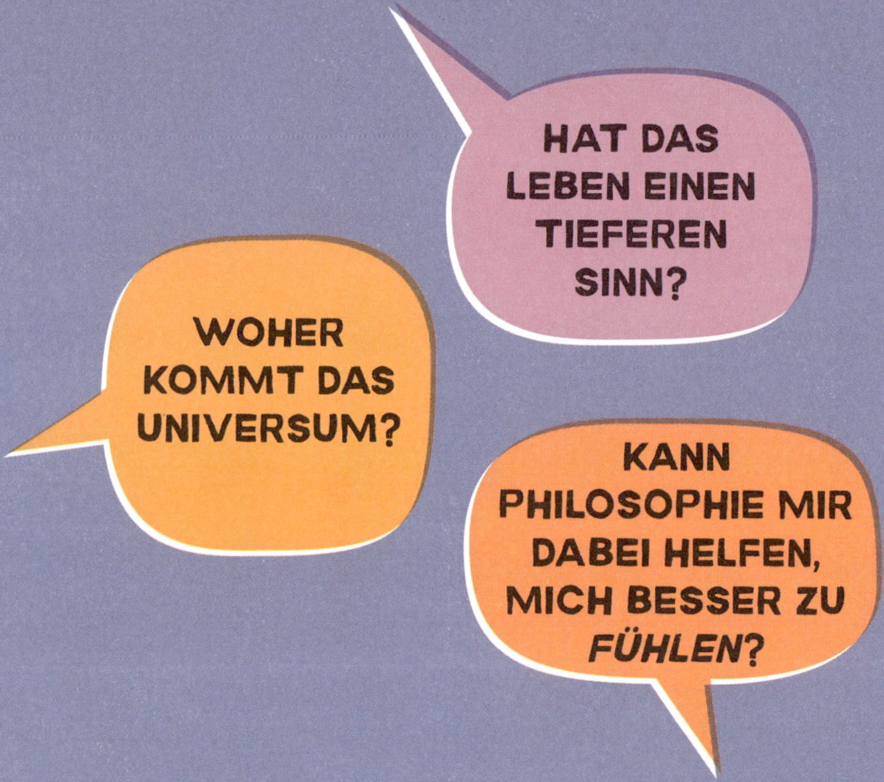
HAT DAS LEBEN EINEN TIEFEREN SINN?
WOHER KOMMT DAS UNIVERSUM?
KANN PHILOSOPHIE MIR DABEI HELFEN, MICH BESSER ZU *FÜHLEN*?

DER SINN DES LEBENS

Die Philosophie beschäftigt sich mit verschiedenen Aspekten des Lebens, wie zum Beispiel Kunst, Ethik oder Wissen. Aber wie lässt sich das alles zu einem Ganzen verbinden? Bisher haben wir die Philosophie als etwas betrachtet, das man ausübt – als Hobby oder als Beruf. Für manche Menschen ist Philosophie aber mehr als „nur“ eine Aktivität oder Denkweise – sie kann eine Anleitung für unser Dasein bieten. Für viele Menschen ist Philosophie eine Lebensweise.

DAS GUTE LEBEN?

Auf der Suche nach Weisheit und Tugendhaftigkeit haben einige Philosophen der Antike ihren Wohlstand aufgegeben oder ihr Zuhause verlassen, um ein einfaches, diszipliniertes Leben zu führen. Die Philosophie war für sie eine Möglichkeit, um aus sich selbst, so hofften sie, bessere Menschen zu machen.

Ein gutes Leben bedeutet, frei von Schmerz in Körper und Geist zu sein. Wir leben ein einfaches Leben und erfreuen uns an der Gesellschaft unserer Freunde.
Epikureer
Lasse dich nicht von äußeren Umständen beeinflussen. Akzeptiere die Wirklichkeit, egal ob sie angenehm ist oder nicht. Handle tugendhaft.
Stoiker
Bei uns geht es ums Hinsehen und Erkunden. Wir wollen nichts glaube über das wir keine Gewissheit haben.
Antike Skeptiker

Doch nicht nur vor Tausenden von Jahren, sondern auch im letzten Jahrhundert machten Gelehrte sich daran, ihr Leben mithilfe der Philosophie zu verändern – allerdings mit etwas weniger Disziplin.

Übernimm die Verantwortung für alle deine Entscheidungen. Vergiss nicht, dass du dein eigenes Leben frei gestalten kannst!
Existenzialisten
Ich betrachte alles und jedes ganz genau – vom Kaffee bis zum Regen. Dann beschreibe ich, wie ich diese Dinge wahrnehme und erfahre.
Phänomenologen

Das vielleicht berühmteste Beispiel für einen Philosophen, der seine Philosophie *lebte*, ist Sokrates. Er verdiente keinen Lebensunterhalt. Er beteiligte sich nicht an der Tagespolitik. Er trug noch nicht einmal Schuhe. Stattdessen verbrachte er sein Leben damit, durch die Stadt zu ziehen, die Überzeugungen der Menschen infrage zu stellen und sein eigenes Wissen zu erweitern.

Ich weiß weder, was Tugend ist, noch glaube ich, dass ich es weiß.
Also ich *weiß*, was Tugend ist.
Du *weißt* es? Dann habe ich *viele* Fragen an dich.

Wenn auch du dich für die Philosophie als Lebensform interessierst, musst du nicht unbedingt barfuß herumlaufen oder deinen gesamten Besitz verschenken. Es geht einfach nur darum, dass du deine Überzeugungen hinterfragst. Mach dein Leben zu einem stetigen Prozess der Erkundung.

Ist es besser, an bestimmten Überzeugungen festzuhalten, oder die eigenen Überzeugungen ständig zu hinterfragen und anzupassen?
Ist es möglich, überhaupt nichts zu glauben?
Soll ich mich über meine Handlungen definieren? Soll ich mich überhaupt definieren?
Müssen sich Menschen auf eine bestimmte Weise verhalten?
Gibt es bessere Möglichkeiten, um eine Gesellschaft zu organisieren?

Gib ruhig zu, wenn dir etwas unklar ist. Das ist sogar gut! Sobald du das tust, hast du den ersten Schritt auf dem Weg zu mehr Wissen und Erkenntnis gemacht. Und du hast eine neue Beschäftigung entdeckt – Antworten auf neue Fragen finden.

WAS IST DER SINN DES LEBENS?

Diese Frage fällt uns oft als Erstes ein, wenn es um Philosophie geht.

Wenn ich in den Himmel schaue und die Sterne sehe, staune ich darüber, wie groß das Universum ist und wie klein wir sind. Welcher Sinn mag dahinter stecken?
Ich weiß nicht genau, was du damit meinst.
Ich suche nach einer Erklärung für das Universum. Ich möchte verstehen, warum es existiert.
Ist das zu viel verlangt?

Manche suchen nach dem Sinn, indem sie verstehen wollen, warum wir überhaupt existieren. Dafür müssen wir aber erklären, was das Universum eigentlich ist.

Einige Forscher erklären es durch seine Geschichte – oder wo es herkommt.

Das Universum nahm seinen Anfang mit dem Urknall. Seitdem dehnt es sich immer weiter aus.

Andere sprechen von seinem Ziel – oder wo es hinführt.

Das Universum wird irgendwann mit einem großen Krachen in sich zusammenfallen. Vielleicht ist *das* der Sinn des Universums ...

Doch diese Erklärungen lösen nur neue Fragen aus. *Warum* gab es einen Urknall? *Was passiert nach dem Zusammenkrachen des Universums?* Hat dieses ganze Chaos irgendeinen Sinn?

Die meisten Erklärungen erfordern *weitere* Erklärungen. Egal welche Geschichte über den Sinn des Lebens dir jemand erzählt, du kannst immer fragen, warum es gerade so ist wie in *dieser* Geschichte, und mit Sicherheit die *nächste* Geschichte erzählt bekommen.

Philosophen würden hier vom Problem des infiniten Regresses sprechen (siehe Seite 20).

Warum gab es einen Urknall?
Davor war alles sehr heiß und dicht und dann gab es eine Explosion.
Aber warum?
Das wissen wir nicht. Wir können vielleicht erklären, *wie* es passiert ist, aber nicht *warum*. Mit jeder Frage gebe ich dir nur eine weitere Erklärung und du wirst wieder nach dem Warum fragen.
Aber gibt es dann überhaupt eine Antwort auf meine ursprüngliche Frage?

WAS IST DER SINN ... EINER KARTOFFEL?

Eine sinnlose Frage, oder? Ich kann dir viel über Kartoffeln erzählen, aber letztlich sind es einfach nur Kartoffeln. Das Universum ist wie eine Kartoffel. Fragen wir nach seinem Sinn, können wir genauso nach dem Sinn einer Kartoffel fragen. Sie ist einfach *da*. Irgendwann müssen wir aufhören, nach dem *Warum* zu fragen.

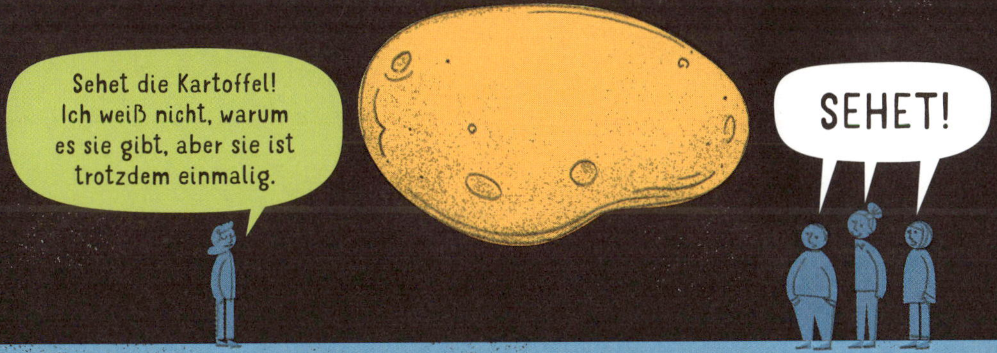
Sehet die Kartoffel! Ich weiß nicht, warum es sie gibt, aber sie ist trotzdem einmalig.
SEHET!

Vielleicht ist das keine zufriedenstellende Antwort. Das hat jedoch einen Grund. Wenn Menschen nach dem Sinn des Lebens fragen, wollen sie in der Regel etwas anderes wissen. Was sie *wirklich* wissen wollen, steht auf den nächsten Seiten.

WAS GIBT MEINEM LEBEN EINEN SINN?

Es gibt Momente und Erfahrungen in unserem Leben, die so aufregend und erfüllend sind, dass nichts anderes mehr eine Rolle zu spielen scheint. Zu anderen Zeiten fragen wir uns aber vielleicht, warum es uns überhaupt gibt. Was also gibt unserem Leben einen Sinn?

DU GIBST DEINEM LEBEN SINN

Eine Antwort ist, dass DU entscheidest, was dein Leben wertvoll und lebenswert macht, warum es dich gibt und was der Sinn *deines* Lebens ist.

Es geht darum, was man tun will. *Ich* entscheide, was mein Leben sinnvoll macht. Und deswegen ...
... singe ich Löwen etwas vor.
Grrrr!
AAAAAAAAAAA!
Na ja, ich kann zwar selbst entscheiden, aber vielleicht sind manche Dinge sinnvoller als andere.
Wenn ich nicht leiden will, muss ich vernünftig handeln ...
... aber dann sieht es so aus, als könne ich gar nicht selbst entscheiden.

Es sieht so aus, als könnten wir nicht *alles* in unserem Leben frei entscheiden. Vielleicht sind manche Entscheidungen auch vernünftiger oder sinnvoller als andere.

DAS RICHTIGE TUN

Manche Philosophinnen und Philosophen glauben, dass bestimmte Dinge dem Leben einen Sinn geben und bestimmte Dinge *nicht*. Allerdings stimmen sie selten darin überein, welche Dinge das jeweils sind.

Kreativität
Das Leben der Menschen verbessern
Beziehung zu Menschen und Tieren
Sich selbst finden
Ein guter Mensch sein
Sich als Person weiterentwickeln
Etwas Neues entdecken
Lernen
Wahrhaftig sein
Ich glaube, dass es möglich ist, diese Dinge zu tun, und trotzdem keine Erfüllung zu finden ...
... und außerdem bin ich mir nicht sicher, was manches davon überhaupt *bedeutet*.

ES GIBT KEINEN SINN – UND DAS IST OKAY

Die beiden Ansätze auf dieser Seite setzen voraus, dass wir unserem Leben einen Sinn *geben müssen* – dass dein Leben nur sinnvoll ist, wenn du *etwas tust*. Doch stimmt das? Vielleicht ist das Leben schon wertvoll genug. Und vielleicht stehen unsere Erwartungen, wie das Leben sein *könnte*, dem im Weg, was das Leben bereits *ist*.

Üblicherweise ordnen wir manchen Dingen einen größeren Sinn zu als anderen.

Aber ist das richtig? Selbst ganz simple Dinge können eine wunderbare Erfahrung auslösen.

Probiere es aus. Achte auf ganz einfache Dinge, zum Beispiel darauf, wie sich die Seiten dieses Buches anfühlen oder welchen Weg ein Regentropfen nimmt. Was empfindest du, wenn du diesen Dingen Beachtung schenkst?

WIE GEHT ES WEITER?

Philosophie kann kompliziert sein. Wäre sie einfach, dann würden wir die Antworten auf die großen Fragen des Lebens schon kennen. Wenn du dich beim Lesen dieses Buches einige Male am Kopf gekratzt hast, gratulieren wir dir! Das bedeutet nämlich, dass du es aufmerksam gelesen hast.

Du weißt nun ein bisschen mehr darüber, was Philosophie ist und wie sie funktioniert. Aber was kannst du damit anfangen? Natürlich abgesehen davon, dass du deinen Eltern und Lehrern auf die Nerven gehen kannst ...

Legt die Bücher weg und macht eure Hausaufgaben!
Zwei gegen eins überstimmt. Wir wollen *beide* keine Hausaufgaben machen. Es ist von größerem Nutzen für eine größere Anzahl an Menschen, wenn wir sie *nicht* machen.
Die Zukunft wird zur Vergangenheit, also werden meine Hausaufgaben irgendwann gemacht worden sein, selbst wenn ich sie nicht jetzt mache.
Ich habe gelesen, dass wir niemals etwas tatsächlich *wissen* können. Wozu soll ich dann in die Schule gehen und etwas lernen?
Wer entscheidet eigentlich, was sich zu wissen lohnt?
Ich kann nichts dafür, dass ich zu spät gekommen bin. Das Universum hat bestimmt, dass ich heute zu spät kommen werde.

Wenn du dich wirklich für Philosophie interessierst, dann lies einfach noch mehr Bücher dazu. Auf Seite 125 findest du eine Liste der einflussreichsten Denker der Geschichte. Finde mehr über ihre Ansätze und Ideen heraus.

Die beste Methode, Philosophie praktisch auszuüben, ist jedoch, mit anderen zu argumentieren. Noch einmal: Philosophen beschreiben mit dem Begriff **Argument** eine Reihe von Prämissen und eine Konklusion. Wenn du ein Argument hast, dann trage es anderen vor. Wenn sie es als ungültig erachten, dann verteidige deinen Standpunkt oder korrigiere dein Argument – aber bleib immer höflich. Vielleicht gibt es in deiner Schule oder in einer Bücherei in der Nähe ja sogar einen Philosophier-Club, dem du beitreten kannst? Oder wie wäre es, selbst einen zu gründen?

WARUM DAS ALLES?

Hoffentlich hat dieses Buch dich davon überzeugt, dass Philosophie interessant, anregend und manchmal sogar nützlich ist.
Hier findest du noch einige Zitate von Philosophen über ihr Fachgebiet.

Wissenschaft ist, was wir wissen, und Philosophie, was wir nicht wissen.
Philosophie beginnt mit dem Staunen.
Ich weiß, dass ich nichts weiß.
Philosophie ist das Leben in Eis und Hochgebirge – das Aufsuchen alles Fremden und Fragwürdigen im Dasein.
Das wahre Zeichen von Intelligenz ist nicht das Wissen, sondern die *Vorstellungskraft*.
Das Leben wird umso besser gelebt, je weniger Sinn es hat.

RÄTSELHAFTE FRAGEN

In der Philosophie werden gern Rätsel und Paradoxa aufgestellt. Hier sind nur einige Beispiele, mit denen du deine philosophischen Fähigkeiten unter Beweis stellen kannst. Von manchen heißt es, dass sie unlösbar sind – aber für beinah alle haben die Menschen mögliche Antworten ersonnen.

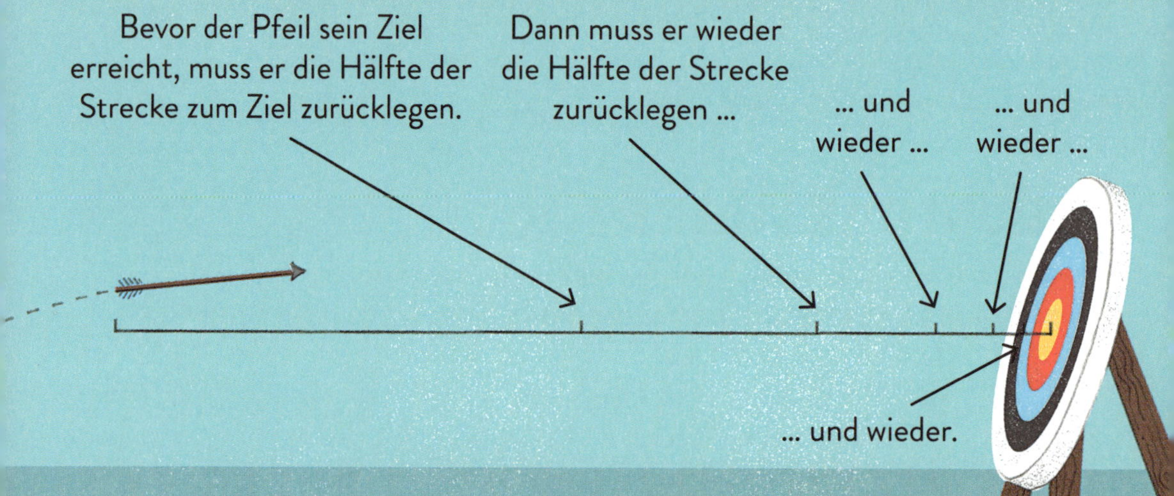

Bevor der Pfeil sein Ziel erreicht, muss er die Hälfte der Strecke zum Ziel zurücklegen.
Dann muss er wieder die Hälfte der Strecke zurücklegen ...
... und wieder ...
... und wieder ...
... und wieder.

Wie kann der Pfeil das Ziel jemals tatsächlich *erreichen*?

Werden deine Gedanken beim Denken durch die Sprache möglich oder sind manche Gedanken ohne Sprache möglich?
Ich *denke*, Gedanken sind ohne Sprache möglich, aber ich kann sie ohne Sprache nicht beschreiben.

Wann wird Orange ...

... zu Gelb?

Woher weißt du, dass deine Familie nicht durch unglaublich lebensechte Roboter ersetzt wurde?
Und wäre es schlimm, wenn es so wäre?
Wenn sich das Universum und alles in ihm jede Sekunde in seiner Größe verdoppeln würde – ließe sich das überhaupt feststellen?
Argh! Mein Maßband wird immer länger!
Stell dir eine Stadt vor, in der es nur einen Herrenfriseur gibt. Er schneidet *nur* den Menschen den Bart, die sich *nicht* selbst rasieren.
Darf sich der Friseur selbst rasieren?
Warte mal: Wenn der Friseur sich nicht selbst rasiert, muss er zu einem Friseur gehen, um sich rasieren zu lassen. Er ist jedoch der einzige Herrenfriseur in der Stadt.
Wenn er sich *tatsächlich* selbst rasiert, dann verstößt er gegen seine eigene Regel. Wie verwirrend!
Wäre es richtig, das unerlaubte Wegwerfen von Müll zu einer Straftat zu machen, die mit dem Tod bestraft wird ...
... wenn wir *mit Sicherheit* wüssten, dass es die Menschen davon abhielte, ihren Dreck in die Landschaft zu werfen?

WORTERKLÄRUNGEN

Hier findest du Erklärungen für einige Begriffe, die in diesem Buch vorkommen. Wörter in *kursiver* Schrift werden in anderen Einträgen erläutert.

Argument: eine Abfolge von Aussagen, die aus einer oder mehreren *Prämissen* und einer *Konklusion* besteht. Die Konklusion wird durch die Prämissen begründet.

Ästhetik: die Lehre von Schönheit und Kunst

Bedeutung: wie Wörter einerseits gebraucht und andererseits verstanden werden

Deduktion: das Erzielen einer *Konklusion* nach den Regeln der *Logik*

Determinismus: die Auffassung, dass alles vorhersehbar ist und durch die Gesetze der Natur und den Zustand des Universums bei seiner Entstehung bedingt ist

Ethik: die Lehre von richtig und falsch, gut und böse, Pflichten und Verantwortbarkeit

freier Wille: die Fähigkeit, über das eigene Handeln zu entscheiden

gültig: ein *Argument*, dessen *Konklusion logisch* aus den gegebenen *Prämissen* folgt

Identität: was eine Sache oder eine Person zu dem macht, was sie ist

Induktion: das Erzielen einer *Konklusion* durch Beobachtung und Erkenntnis

infiniter Regress: ein *Argument*, bei dem jede Begründung immer auf eine weitere Begründung zurückgeführt wird beziehungsweise stets eine weitere *Rechtfertigung* erfordert und dadurch niemals zu einem Ende kommt

kohärent: wenn mehrere Vorstellungen oder Überzeugungen sich gegenseitig stützen

Konklusion: das Ergebnis einer *Argumentation*, das aus den jeweiligen *Prämissen* gefolgert wird

konsistent: wenn mehrere Behauptungen sich nicht widersprechen

legitim: in der Politik etwas, das gesetzlich anerkannt ist oder den Vorschriften entspricht

Logik: ein formales System, mit dem überprüft wird, ob ein *Argument gültig* ist

moralische Grundsätze: Handlungs- und Verhaltensweisen, die die meisten Menschen in einer Gesellschaft als gut oder richtig ansehen

objektiv: völlig unabhängig von der Sichtweise einer Person

Paradoxon: eine Aussage, die wahr erscheint, sich gleichzeitig aber widerspricht

Paternalismus: das Aufstellen von Regeln, die die Freiheit von Menschen einschränken, vermutlich zu ihrem eigenen Nutzen

Prämisse: eine Annahme, aus der eine logische Schlussfolgerung gezogen wird

Rechtfertigung: eine Erklärung, warum etwas so ist

schlüssig: ein *Argument*, dessen *Prämissen* wahr sind und dessen *Konklusion logisch* daraus folgt

Skeptizismus: die Sichtweise, dass niemand etwas mit Gewissheit weiß

subjektiv: etwas, das nur nach der Sichtweise einer Person wahr ist

Zirkelschluss: ein Argument, dessen *Prämissen* davon ausgehen, dass die *Konklusion* wahr ist

BERÜHMTE PHILOSOPHEN

In diesem Buch werden die Ideen und Methoden vieler Philosophinnen und Philosophen beschrieben. Für jedes Kapitel sind hier ihre Namen und ihre Lebensdaten aufgeführt. Manche sind mehrmals genannt.

WAS IST PHILOSOPHIE?

David Hume (Schottland, 1711–1776); **Sokrates** (Athen, ca. 470–400 v. Chr.)

WISSEN

Al-Ghazālī (Seldschukenreich, ca. 1053–1111); **George Berkeley** (Irland und England, 1685–1753); **René Descartes** (Frankreich und Niederlande, 1596–1650); **Gottlob Frege** (Deutschland, 1848–1925); **Edmund Gettier** (USA, 1927–2021); **Bertrand Russell** (Großbritannien, 1872–1970)

UNSER GEIST

Elisabeth von der Pfalz (Herzogtum Sachsen, 1618–1680); **René Descartes**; **Hilary Putnam** (USA, 1926–2016)

SCHÖNHEIT UND KUNST

Alan Goldman (USA, geb. 1945); **Immanuel Kant** (Deutschland, 1724–1804); **Platon** (Athen, ca. 427–347 v. Chr.); **John Ruskin** (Großbritannien, 1819–1900)

GOTT

Anselm von Canterbury (England, ca. 1030–1100); **Augustinus von Hippo** (Nordafrika, 354–430); **Blaise Pascal** (Frankreich, 1623–1662)

POLITIK

Thomas Hobbes (England, 1588–1679); **Hannah Arendt** (Deutschland und USA, 1906–1975); **John Locke** (England, 1632–1704); **Karl Marx** (Deutschland und Großbritannien, 1818–1883); **John Stuart Mill** (Großbritannien, 1806–1873); **Mary Warnock** (Großbritannien, 1924–2019)

GUT SEIN

Aristoteles (Athen, ca. 385–320 v. Chr.); **Jeremy Bentham** (Großbritannien, 1748–1832); **Konfuzius** (China, ca. 550–475 v. Chr.); **Philippa Foot** (Großbritannien, 1920–2010); **Immanuel Kant**; **Søren Kierkegaard** (Dänemark, 1813–1855); **John Stuart Mill**; **Judith Jarvis Thomson** (USA, 1929–2020)

ZEIT UND IDENTITÄT

Elisabeth von der Pfalz; **John Locke**; **J. M. E. McTaggart** (Großbritannien, 1866–1925); **Bernard Williams** (Großbritannien, 1929–2003)

LOGIK UND SPRACHE

Roland Barthes (Frankreich, 1915–1980); **Noam Chomsky** (USA, geb. 1928); **Jacques Derrida** (Algerien und Frankreich, 1930–2004); **Gottlob Frege**; **David Hume**; **Bertrand Russell**; **Ludwig Wittgenstein** (Österreich und Großbritannien, 1889–1951)

DER SINN DES LEBENS

Siddhartha Gautama, Buddha (Indien, ca. 480–400 v. Chr.; Lebensdaten umstritten); **Jean-Paul Sartre** (Frankreich, 1905–1980); **Simone de Beauvoir** (Frankreich, 1908–1986)

REGISTER

IMPRESSUM

Text:
Jordan Akpojaro, Rachel Firth
und Minna Lacey

Illustrationen:
Nick Radford

Redaktion:
Alex Frith

Gestaltung:
Freya Harrison

Philosophische Beratung:
Dr. Alex Kaiserman,
University of Oxford

Redaktionsleitung: Jane Chisholm

Leiter der Gestaltung:
Stephen Moncrieff

Übersetzung aus dem Englischen: Jutta Vogt
Satz der deutschen Ausgabe: Tanja Haaf
Redaktion der deutschen Ausgabe: Claudia Fahlbusch
Fachliche Beratung der deutschen Ausgabe: Dr. Oliver Victor
Projektbetreuung: Ulrike Bonk, Eva Rojas, Danica Utermöhlen
und Birgit Zimmerer

1. Auflage 2022